Astrid Janßen-Schadwill • Anja Wägele

MODE SCHNEIDERN
FÜR ABSOLUTE ANFÄNGER

Mit einfachen Projekten
schneidern lernen

INHALT

RÖCKE

SHIRTS

KLEIDER

HOSEN

EIN PAAR DINGE VORWEG ...

Dieses Buch richtet sich, genauso wie sein Vorgänger »Nähen für absolute Anfänger«, an Nähneulinge, die zwar schon wissen, wie ihre Nähmaschine funktioniert, aber noch auf der Suche nach perfekten Einsteiger-Modellen zum Lernen sind. Aber statt Accessoires, Taschen und kleinen Projekten wollen wir diesmal mit Ihnen zusammen Tops, Röcke, Hosen und Kleider schneidern. Und wir kommen (fast) ohne Reißverschlüsse, Knopflöcher und Abnäher aus. Trotzdem gibt es noch genug Kniffligkeiten zu bewältigen: korrektes, gerades Säumen, Beschneiden und Versäubern von Nahtzugaben, Besätze annähen, Nähen mit Jersey ...

Im Buch werden elf Modelle vorgestellt, die dazugehörigen Schnitte finden Sie auf den Schnittmusterbögen hinten im Buch. Die Schnitte sind als Mehrgrößenschnitte angelegt und einfach gehalten – deshalb lassen sie sich leicht nacharbeiten. **Die Schnitte enthalten noch keine Nahtzugabe!** Wie viel Nahtzugabe an welcher Schnittkante noch zusätzlich dazugegeben werden muss, ist bei der jeweiligen Anleitung vermerkt. Wir empfehlen Ihnen, die Nählinien genau um den Schnitt herum auf den Stoff zu zeichnen. Anschließend werden die Nahtzugaben wie angegeben angezeichnet.

Für jedes Modell gibt es eine Stoffempfehlung mit der Angabe des Verbrauchs und der benötigten Materialien (obligatorisch: das passende Nähgarn!). Ein Schnittauflageplan erleichtert darüber hinaus das Platzieren der einzelnen Schnittteile auf dem Stoff.

Und niemals vergessen: Auch wenn man sehr genau und akkurat arbeiten muss, Nähen macht Spaß! Zum Beispiel können Sie, wenn Ihnen ein Modell besonders gut gelungen ist, den Schnitt gleich nochmal mit einem anderen Stoff ausprobieren – das wird ein total anderes Kleidungsstück! Oder Sie variieren die Längen: Aus einem Kleid wird ein Shirt, aus einem Shirt ein Kleid, aus der Bermuda eine lange Hose. Und, wie beim Glockenrock zu sehen, kann man sogar aus einem Rock ein Kleid machen ...

Lassen Sie also Ihre Fantasie spielen, wenden Sie Ihre Kreativität an – und möge der Unterfaden nie enden.

In diesem Sinne

Ihre *Astrid* und *Anja*

VORWORT

Vor dem Buchprojekt »Nähen für absolute Anfänger« war ich überzeugt dass ich danach so richtig gut und vor allem ALLES nähen kann. Danach war ich schlauer ;) Immerhin war ich stolz wie Oskar, dass ich endlich diesen kompliziert aussehenden Schnittmustern folgen konnte. Freunde und Verwandte wurden im letzten Jahr mit diversen selbstgenähten Accessoires beschenkt, und inzwischen kann ich an keinem Stoffladen mehr vorüber gehen ohne mal kurz zu »gucken«. Und zu kaufen...

Aber ein Traum blieb mir die ganze Zeit im Kopf hängen: Ich möchte meine eigenen T-Shirts nähen können, der passende graue Jersey dafür ist schließlich schon gekauft. Dieses Buch gab mir nun die ideale Gelegenheit mir endlich meine eigenen Sachen nähen zu lernen. Vor meinem inneren Auge erschien mein Kleiderschrank, prall gefüllt mit schönen selbstgenähten Kleidungsstücken. Aber schon beim ersten Schnittmuster musste ich feststellen, ich muss noch sehr viel lernen. Und mich mehr konzentrieren. Und mehr Platz brauche ich auch... Und die Überzeugung dass Bügeln etwas ganz Tolles ist... Damit habe ich mich nämlich immer noch nicht angefreundet. Geht aber leider nicht ohne. Trotzdem, das Gefühl am Ende ein fertiges tragbares und sogar vorzeigbares Kleidungsstück in den Händen zu halten, ist all die Mühen wert! :)

Für mich ist das Kapitel »Nähen lernen« definitiv noch nicht abgeschlossen. Ich möchte lernen wie man T-Shirts mit Ärmeln näht, taillierte Kleider, kuschelige Hoodies zum drin Versinken... Da liegt noch ein langer Weg vor mir, aber ich freu mich drauf. Nähen lernen kann ganz schön frustrierend sein, ABER es macht auch tierisch Spaß! :)

VORAUSSETZUNGEN ZUM ABENTEUER »KLEIDUNG SELBST NÄHEN«

Das allerwichtigste zuerst: Lesen und befolgen Sie die Nähanleitungen sorgsam, gründlich und ganz genau. Das ist das A und O!

Halten Sie sich dabei auch an die vorgegebene Reihenfolge der Arbeitsschritte. Die richtige Abfolge, wann was gemacht werden muss, erleichtert Ihnen das Nacharbeiten ungemein (siehe auch Abschnitt »Reihenfolge« auf Seite 16).

Außerdem gibt es Fachausdrücke, die sofort klar sind und solche, die erklärt werden müssen. Im Glossar (siehe Seite 117 ff.) können Sie jederzeit nachschlagen, wenn ein Fachbegriff noch unklar ist.

Hier folgt eine Liste mit erforderlichen und ratsamen Arbeitsmitteln, ohne die der Spaß auf der Strecke bleibt.

Werkzeug

Unbedingt erforderlich:

Maßband

Stoffschere (scharf)

Weiße Schneiderkreide (farbige Kreide lässt sich nicht auswaschen), mit angespitzten Seiten

Stecknadeln

Papierschere (für die Schnitte)

Kopierrädchen (zum Übertragen der Nählinien auf den Stoff, und auch zum Herausradeln der Schnitte auf den Schnittmusterbögen)

Schneiderkopierpapier (zum Übertragen der Nählinien auf dem Stoff)

Es geht auch ohne, aber doch viel leichter mit:

Handmaß (dient auch als kurzes Lineal, gut zum Abmessen und Anzeichnen der Nahtzugaben)

Kreide-Maus (für weiche Stoffe, verzieht nicht)

Zauberkreide (kann auf der rechten Stoffseite benutzt werden, da sie nach einiger Zeit verschwindet)

Bleistift (falls die Schneiderkreide nicht zu sehen ist)

Längeres Lineal (zum Ausmessen und Anzeichnen von Taschenpositionen etc.)

Kleinere Schere (zum Abschneiden der Fäden)

Nahttrenner (falls doch mal was schiefgegangen ist ...)

Vorbereitung

Als erstes suchen Sie sich natürlich ein Modell aus. Am Anfang der Anleitung stehen Empfehlungen, welchen Stoff Sie nehmen sollten, und wie viel davon Sie benötigen. Wählen Sie für die ersten Projekte, die Sie nachnähen möchten, am besten keine Stoffe mit einem Muster oder einer sogenannten Strich-Richtung. Mehr dazu steht im Abschnitt »Zuschneiden« (siehe Seite 113). Das farblich passende Nähgarn wird auch gleich mit ausgesucht und ebenso die erforderlichen Materialien (etwa Reißverschluss, Formband, Gummiband usw.).

Dann gehen die Vorarbeiten weiter: Baumwollstoffe sollten Sie unbedingt vorher waschen, beziehungsweise in heißes Wasser tauchen, da dieses Material einlaufen kann.

Tipp: Wenn Sie die Schnittkanten vor dem Waschen mit einem Zickzackstich versäubern, gibt es in der Waschmaschine keinen »Fadensalat«.

Den Stoff am besten tropfnass aufhängen, da die Wring- oder Schleuderkniffe das Bügeln nach dem Trocknen erschweren. Wollstoffe werden von der linken Seite abgebügelt, entweder mit dem Dampfbügeleisen oder, mit einem feuchtem Tuch abgedeckt, mit einem normalen Bügeleisen.

Bitte nicht den Stoffbruch einbügeln – im Gegenteil! Da fast alle Stoffe mit der rechten Seite außen angeboten werden (der Kunde soll sofort das Aussehen erkennen), ist auch der Stoffbruch zur rechten Seite. Sie legen den Stoff aber mit der rechten Seite nach innen, um auch darauf zeichnen zu können – also stört der Knick nach rechts.

Der Schnitt – Größenermittlung

Es sind mehrere Größen verfügbar. Welche passt, ergibt sich aus dem Vergleich der eigenen Rundmaße und der Maßtabelle: Oberweite, Taillenweite und Hüftweite. Zu beachten ist, dass nicht der Schnitt in der Breite nachgemessen werden sollte, da hier immer die Bequemlichkeitszugaben und/oder die modischen Weiten enthalten sind. Und so wird es gemacht: Das Maßband nacheinander locker um die Oberweite, Taille und Hüfte legen (nicht den Daumen mit messen!) und dabei gleichzeitig die waagerechte Linie im Spiegel kontrollieren. Bei der Hüftweite ist die stärkste Stelle gefragt: Das Maßband während des Messens in Richtung Oberschenkel schieben – wenn es nicht mehr nachgibt, ist die ausgeprägteste Stelle

erreicht. Die Taillenweite so ermitteln, dass es ein angenehmes Gefühl ist. Zum Nähen eines Rockes ist das wichtigste Maß die Hüftweite. Die Taille kann bei der Anprobe korrigiert werden. Beim Oberteil spielt die Oberweite die Hauptrolle. Auch beim Kleid ist erst mal die Oberweite wichtig, jedoch sollte die Hüftweite als Kontrollmaß dienen. Erst jetzt ist es eventuell doch empfehlenswert, den Schnitt nachzumessen, um festzustellen, ob eine Schnittkorrektur erforderlich ist.
Die Größe, die am besten mit den eigenen Maßen harmoniert, kann nun als Schnittmuster vom Schnittbogen kopiert werden.
Übrigens: Die Maßtabelle für alle Modelle in diesem Buch finden Sie auf Seite 124.

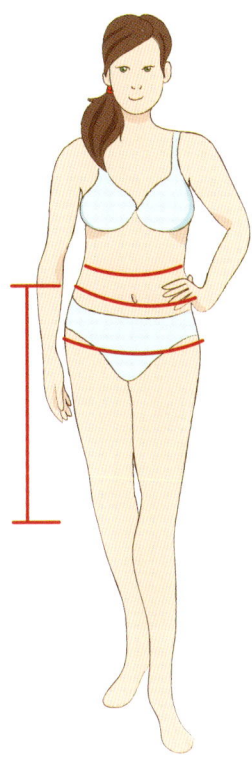

Maße	Eigene	Schnitt	Differenz
Oberweite	100		
Taillenweite	90/92		
Hüftweite	108		
Datum	10.6.19		
Schnittgröße			

Den Schnitt kopieren

Den Schnittmusterbogen auf das Schnittpapier (Zeitung, Packpapier, Seidenpapier) legen und darauf achten, dass das Papier für jedes Teil groß genug ist. Damit nichts verrutscht, mindestens zwei Stecknadeln zum Befestigen verwenden und mit einem Kopierrädchen die entsprechenden Linien und Zeichen durchradeln. Jedes Teil für sich auf das Papier kopieren.

Die Schnittteile jeweils gleich nach dem Zeichnen ausschneiden. Bezeichnungen, Markierungen und Linien vom Schnittmusterbogen auf das Schnittteil übertragen.

Tipp: Für gerade Linien ein Lineal oder Handmaß zur Führung des Rädchens benutzen, und hinterher auf dem Schnitt mit Stift und Lineal nachzeichnen. Den Fadenlauf nicht vergessen!

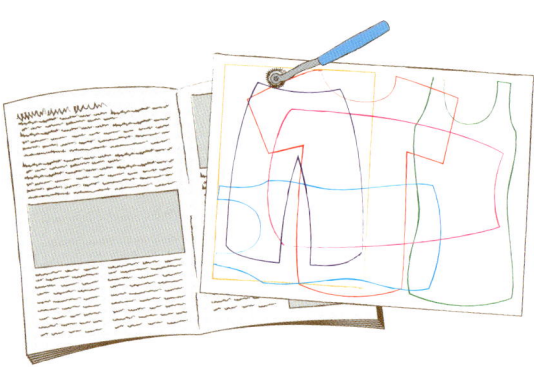

Zuschneiden

Der Stoff ist vorbereitet und liegt ge-doppelt, mit der rechten Seite innen, auf dem Tisch.

Die Webkanten befinden sich vorn, der Stoffbruch hinten: Falls mal keine Stecknadeln mehr im auszuschnei-denden Stoff stecken, hält der Bruch die Stoffteile hinten noch zusammen. Der Schnittauflageplan bei jeder Anleitung ist hilfreich, um ein Gefühl für optimales Zuschneiden zu be-kommen. Auch ist dort ersichtlich, dass meistens die Schnitte in eine Richtung weisen. Das ist sehr wichtig, wenn Musterrichtung oder »Strich« (Samt, Cord, Tuch, Loden) vorhanden sind. Dann verbraucht man aber auch mehr Stoff. Deshalb sollten Sie prüfen, ob diese einseitige Richtung notwendig ist oder auch gegenein-ander zugeschnitten werden kann. Wichtig ist auf jeden Fall der Faden-lauf (falls er nicht auf dem gesam-ten Schnittteil eingezeichnet ist, ist es ratsam, die Linie voll durchzuzie-hen). Dieser Strich muss exakt parallel zur Webkante oder zum Stoffbruch gelegt werden: abmessen! Sonst ist der geradlinige Fall des fertigen Klei-dungsstückes nicht mehr gewähr-leistet und es kann sich verziehen, was man leider immer erst hinterher merkt, und es wäre doch schade, wenn die ganze Arbeit umsonst ist…

Tipp: Als Eselsbrücke für den Fadenlauf gilt, dass die Länge des Stoffes auch in der Länge des Körpers verarbeitet wird!

Die Papierschnittteile werden mit Stecknadeln so festgesteckt, dass jeweils die (empfohlenen) Nahtzu-gaben dazwischen berücksichtigt werden. Die Abstände zwischen den einzelnen Schnittteilen müssen so groß sein, das die Nahtzugaben noch dazwischen passen.

Faustregel für Nahtzugaben:
Rundungen + 1 cm, gerade Linien + 1 bis 2 cm, gerade Säume + 3 bis 4 cm, runde Säume + 1,5 cm

Dazu zeichnen Sie rundherum die Nählinien auf; das sind die äuße-ren Randlinien der Schnittteile. Je nach Stoff verwendet man dafür ein Kreiderad (für weiche Stoffe) oder Schneiderkreide (für festere, glatte Stoffe). Die Schnittlinien für die Naht-zugaben werden mit kurzen Strichen markiert. Es ist wichtig, genau zu arbeiten, damit es keine Passpro-bleme beim Zusammennähen gibt!

Nach dem Zuschnitt

Wenn dann alle Teile aufgezeichnet sind, können Sie mit dem Ausschneiden beginnen.

Für den Anfang empfiehlt es sich, die Nählinien mit Kopierrädchen und Schneiderkopierpapier auf die linke Stoffseite des gedoppelten Stoffteiles durchzuradeln: Kopierpapier mit der Farbseite nach oben auf eine widerstandsfähige Unterlage legen, darauf das zugeschnittene – noch doppelte – Stoffteil platzieren und alle Nählinien und Zeichen durchradeln. Gegengleich sind nun die Markierungen übertragen.

Tipp: Versuchen Sie beim Schneiden mit der Stoffschere, den Stoff nicht mit der Hand hochzuheben. Lassen Sie ihn schön auf dem Tisch liegen und verkanten Sie die Schere nicht. Die Unterkante der Schere liegt beim Zuschneiden immer auf dem Tisch auf!

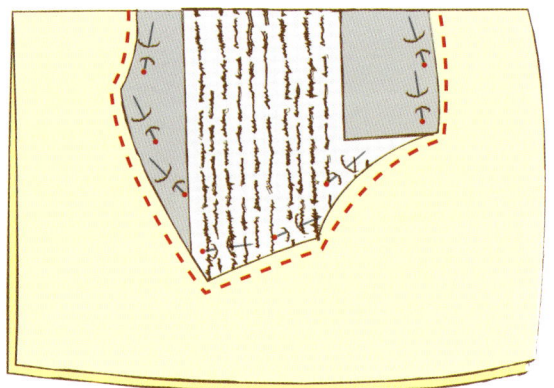

Nähen

Vorab erklären wir eine hilfreiche Idee aus der industriellen Stoffverarbeitung, die Sache mit dem »Läppchen«: Nehmen Sie vom Zuschnitt einen ca. 6 cm x 6 cm großen Stoffrest, falten Sie ihn in der Mitte und nähen mit der Nähmaschine über die Schmalseite. Auf diese Weise werden die Nähfäden befestigt. Die langen Anfangsfäden am Läppchen schneiden Sie gleich ab. Nun müssen Sie beim Beginn Ihrer Näharbeit nicht mehr auf das Garn achten. Sie brauchen es nicht mehr festhalten oder länger ziehen, und damit kann der Faden auch nicht mehr aus der Nadel rutschen oder »Fadensalat« entstehen. Praktisch, oder?

Wenn Sie am Ende der Naht angelangt sind, schneiden Sie das »Läppchen« vom Beginn ab, legen es als Beendigung vor den Stoff und nähen darüber, sodass die Fäden wieder befestigt sind. Dieses »Stöffchen« bleibt also immer unter dem Nähfuß, bildet den Anfang und das Ende jedes Nähvorganges und wird nur erneuert, wenn es ganz vollgenäht ist.

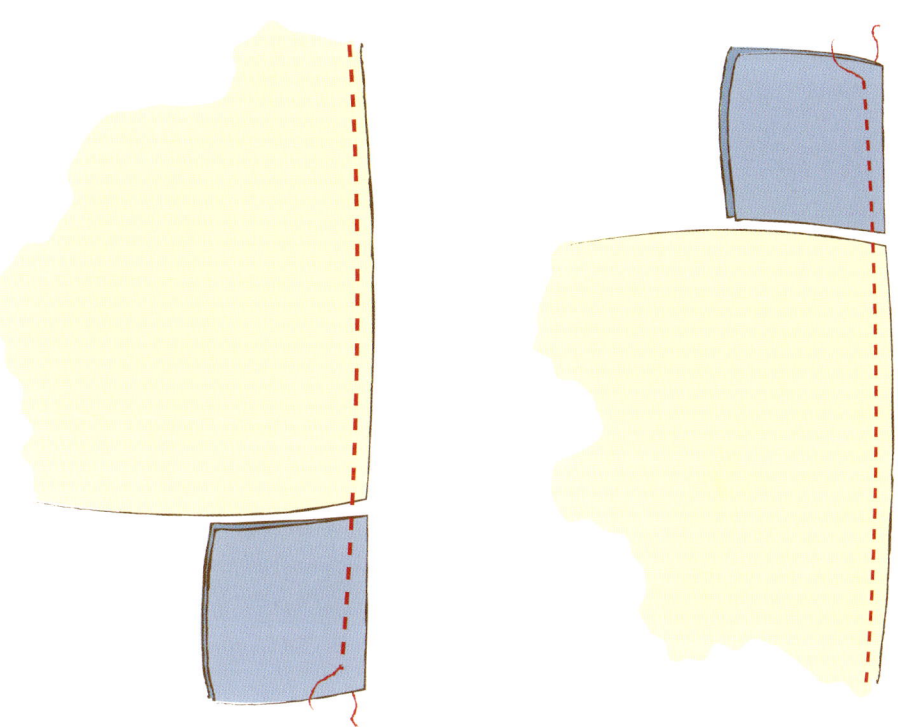

Reihenfolge der Anleitungsschritte

Die Arbeitsbeschreibungen sind schrittweise chronologisch gegliedert, und es ist sehr sinnvoll, auch in dieser Reihenfolge vorzugehen, um sich spätere umständliche »Fummelei« zu ersparen.
Ein Beispiel: Beim Hüftrock (siehe Seite 43) wird der Reißverschluss vor dem Schließen der Seitennähte eingenäht, also in das rückwärtige Rockteil – die nachfolgenden Arbeitsschritte sind dann nämlich viel einfacher zu handhaben!

1 2 3 4 5

6 7 8 9

Nähte von unten nach oben nähen

Das wurde mir in der Schneiderlehre nicht beigebracht, obwohl es ein wichtiger Punkt ist: Der Transporteur der Nähmaschine ist unter der Stichplatte angebracht, und er allein schiebt den Stoff von vorn nach hinten. Das Nähfüßchen, bedingt durch den Druck, macht es möglich, dass beide Stoffteile transportiert werden. Der untere bewegt sich aber besser, während der obere nur »aus Sympathie« mitläuft. Dadurch kann sich eine Verschiebung der oberen Stofflage nach vorn ergeben. Das heißt, dass die beiden ursprünglich gleich langen Nähte gegeneinander verschoben werden. Das Nähfüßchen schiebt den oberen Stoff nach vorn (und die obere Naht ist gedehnt), und der Transporteur schiebt den unteren Stoff nach hinten (und die untere Naht wird eingehalten). Wenn man so einen Versatz nach unten erhält, d.h. die Naht von oben nach unten genäht hat), hat das fatale Folgen: Die gerade Kante unten (Rocksaum, Hosensaum etc.) kann nicht durch begradigendes Abschneiden korrigiert werden, und die Naht ist verzogen.
Der Schaden wird viel geringfügiger, wenn Sie von unten nach oben nähen. Hier können Sie den entstandenen Versatz ausgleichen oder kaschieren, da hier zumeist noch Bündchen, Ärmel, Kragen oder Besätze etc. angenäht werden.

Verriegeln oder Vernähen

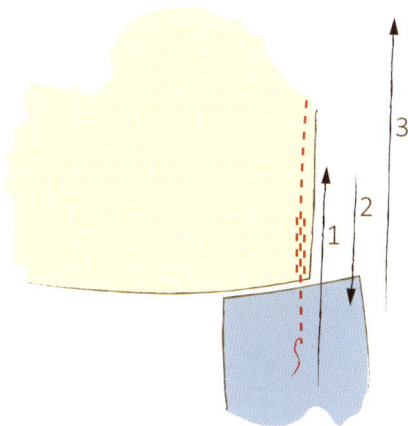

Die Naht wird zu Beginn durch Verriegeln oder Vernähen befestigt, damit sie bei der weiteren Verarbeitung oder beim Tragen nicht aufgehen kann. Erst nähen Sie etwa drei bis vier Stiche vorwärts. Dann die Rückwärts-Taste gedrückt halten und auf der gleichen Linie wieder drei bis vier Stiche zurück nähen. Die Rückwärts-Taste lösen und die Naht wieder nach vorn weiter zu Ende nähen. Dadurch liegen drei kurze Nählinien direkt übereinander und verhindern das Lösen der Nähfäden. Am Ende der Naht machen Sie das Gleiche: Rückwärts-Taste drücken, drei bis vier Stiche zurück nähen, die Taste lösen, wieder vorwärts nähen und die Naht, zum Beispiel auf dem »Läppchen«, beenden.

Besatz festnähen (verstürzen)

Beim Verstürzen (siehe Glossar ab Seite 117) mit einem Besatzstreifen ist es unbedingt ratsam, auf dem Kleidungsstück zu nähen, das heißt, der Besatz liegt unten.
Auf diese Weise hat man die bessere Übersicht auf der Nählinie zu bleiben, also gerade zu nähen. Wenn der Streifen darunter etwas verrutscht ist es nicht sichtbar – das verbügelt sich. Wenn ich aber auf dem Besatz nähe und das Kleidungsstück darunter verrutscht, entsteht hinterher eine Kurve in der Linie, die sichtbar bleibt!
Und wer trennt schon gern…?

Versäubern mit Zickzackstich

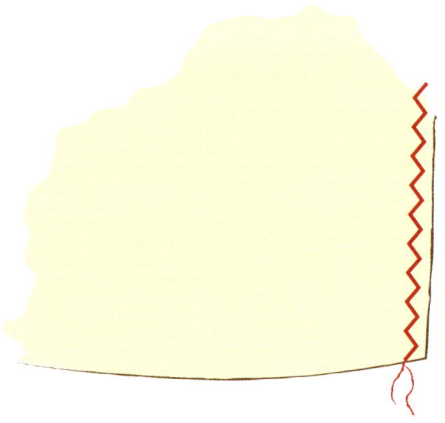

Die Schnittkanten der Kleidungsstücke sind empfindlich und fransen oder rauen aus, wenn sie nicht versäubert werden. Wohl dem, der eine Overlock hat!

Aber auch ohne können wir uns helfen, indem wir die Kanten mit einem Zickzackstich umschließen. Je nachdem, wie dünn der Stoff ist, werden Stichbreite und -länge eingestellt. Am besten vorher an einem Reststück ausprobieren!

Auf jeden Fall muss die Oberfadenspannung reduziert werden, da die Nadel mit dem Garn einen Hin- und Herweg zurückzulegen hat, während der Unterfaden in einer Linie bleibt. Falls an der Nähmaschine an dem Rad für die Spannung das Knopfloch angezeigt ist, können Sie es dorthin stellen – aber einen Zettel an die Nähmaschine legen, mit dem Satz: »Oberfadenspannung zurück stellen!!!« (Ansonsten ist die nächste gerade Naht nicht zu gebrauchen ...)

Die Breite und Länge des Stiches richtet sich danach, wann es nicht mehr gut aussieht. Auf jeden Fall sollte die Nadel nach dem Einstich von links nach rechts genau neben dem Stoff einstechen. Dadurch wird die Schnittkante umschlossen.

Heftstich (Nähmaschine)

Natürlich ist es besser, komplizierte Nähte mit der Hand zu heften. Jedoch gelingt das Umbügeln der Bruchkante bei Öffnungen, die aus einer Naht kommen – wie z.B. Reißverschluss, Gehschlitz o.ä. – korrekter und einfacher, wenn sofort an die normale Naht der Heftstich der Maschine folgt, bei dem einfach eine Stichlänge von 5–6 mm eingestellt wird. Durch das anschließende Auseinanderbügeln und Auftrennen entsteht ein präziser Übergang zum Schlitz.

Bügeln

Einer der wichtigsten Arbeitsgänge während des Nähens ist das Bügeln. Nach fast jedem Nähvorgang sollte gebügelt werden, die nachfolgenden Schritte sind dann bequemer. Auch das Umbügeln von Säumen erleichtert das Absteppen immens, wenn die doppelte Saumbreite von der Schnittkante aus angezeichnet wird, um dann die Kante daran angelegt festzubügeln.

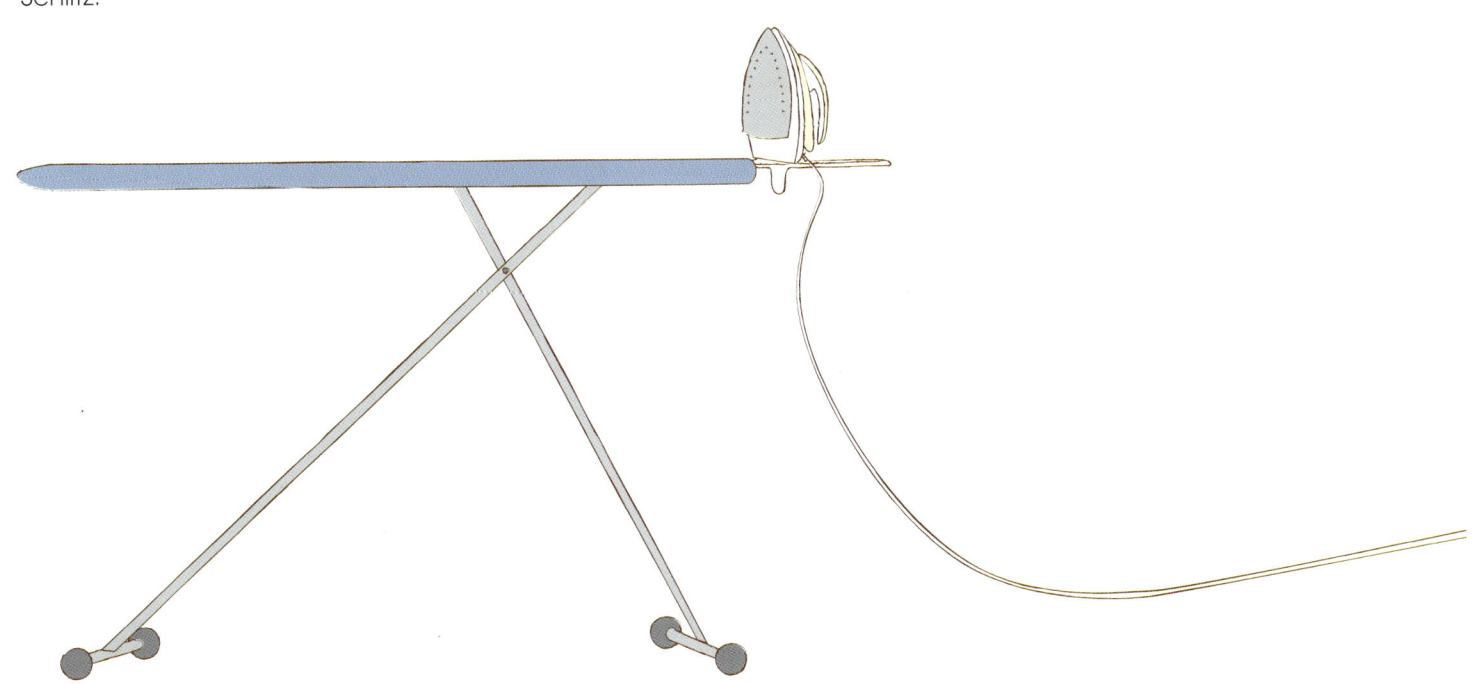

RÖCKE

Der Klassiker für das allererste selbstge-
nähte Kleidungsstück! Röcke haben nur
wenige Schnittteile und sind mit wenigen,
fast immer geraden Nähten fertig – perfekt
für alle, die endlich loslegen wollen mit
dem Mode-Schneidern! Gleich drei tolle
Rockmodelle für Einsteiger finden Sie auf
den nächsten Seiten. Den Hüftrock mit
Reißverschluss versuchen Sie vielleicht
nicht als allererstes Projekt, aber auch
er ist später sicher kein Problem!
Let's Rock!

SPORTLICHER ROCK ...

... mit Bündchen und seitlichen Schlitzen

Zuschneiden

Als Saumzugabe 2 cm, an allen anderen Schnittkanten 1 cm Nahtzugabe zugeben.

Bündchen, vorderes und rückwärtiges Rockteil im Stoffbruch zuschneiden.

1x Vorderteil Rock
1x Rückenteil Rock
1x Bündchen

Vorbereitung

Nach dem Zuschneiden die Teile auseinandernehmen und alle Schnittkanten (bis auf die Schmalseiten des Bündchens) von der rechten Seite mit Zickzackstich (siehe Technikteil Seite 18) versäubern.

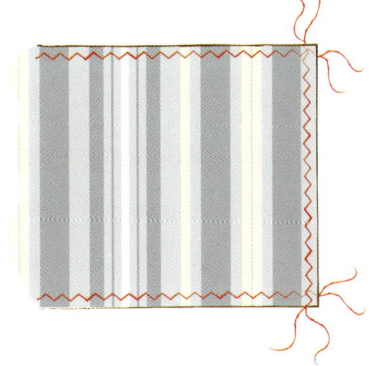

Größe

36, 38, 40, 42, 44, 46

Material

Baumwollstoff, 80 cm (150 cm breit)

Gummiband, 5 cm breit, 72, 76, 80, 84, 88, 92 cm lang

Stofftipp:

Wählen Sie einen Baumwollstoff mit leichtem Stand: Kattun, Baumwollköper, leichter Jeansstoff.

Schnittmusterbogen

1B

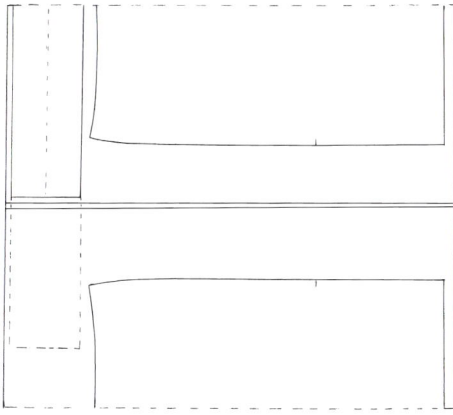

Anleitung

❶ Rücken- und Vorderteil des Rocks rechts auf rechts aufeinanderlegen und zuerst den Schlitz heften. Dazu an der Nähmaschine eine große Stichlänge (5–6 mm) einstellen. Mit dem Heften an der Saumkante beginnen und die Naht, ohne zu verriegeln (!), bis zum Schlitzzeichen schließen.

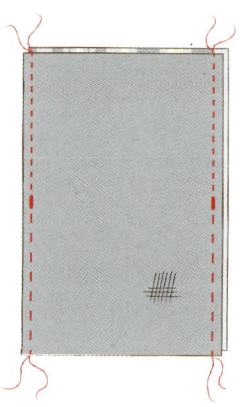

❷ Ohne abzusetzen an der Nähmaschine eine normale Stichlänge (2,5–3 mm) einstellen und die Naht ohne abzusetzen weitersteppen. Diesmal werden Nahtanfang und -ende verriegelt. Auf diese Weise beide Seitennähte schließen, sodass bereits ein Rock erkennbar ist. Die Nähte auseinanderbügeln.

❸ Das Bündchen an den Schmalseiten rechts auf rechts bei 1 cm Nahtbreite zusammennähen und die Naht ebenfalls auseinanderbügeln.

❹ Das Bündchen auf rechts wenden, sodass die Naht innen liegt und längs zur Hälfte einschlagen. Den entstandenen Bruch bügeln.

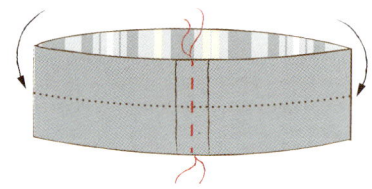

❺ Den Heftstich an den Schlitzen auftrennen.

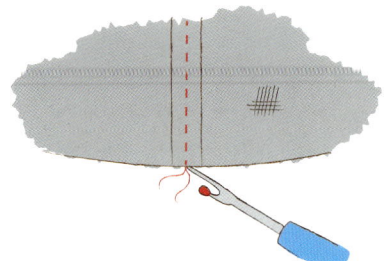

❻ Dann den Rocksaum nähen: Dazu die Saumkante 2 cm zur linken Seite umbügeln. Damit der Saum überall gleichbreit wird, mit dem Handmaß von der versäuberten Schnittkante aus die doppelte Breite, also 4 cm, nach oben messen und anzeichnen. Die Schnittkante an diese Linie klappen und festbügeln. Nun die Saumzugabe von der rechten Stoffseite aus 1,75 cm breit feststeppen.

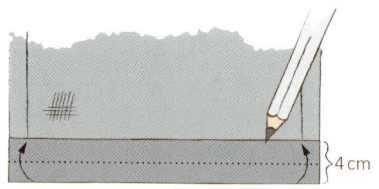

4 cm

❼ Die eingefalteten Schlitzkanten und den Saum noch einmal bügeln und, auch von rechts, füßchenbreit festnähen. Danach den Rock auf die rechte Seite ziehen.

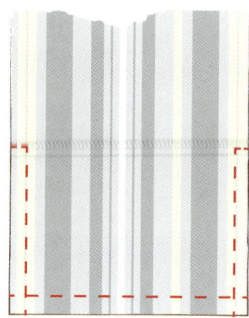

8 Jetzt den Bund an den Rock nähen: Dazu das zur hälfte umgelegte (siehe Punkt **4**) Bündchen mit beiden Kanten bei 1 cm Nahtbreite rechts auf die rechte Seite des Rockes stecken. Dabei darauf achten, dass die Naht des Bündchens auf eine der Seitennähte passt! Feststeppen, aber für das Gummiband eine Öffnung lassen.

9 Das Gummiband mithilfe einer Sicherheitsnadel einziehen und anschließend (damit es nicht zu dick wird) 1 cm breit übereinander legen und mit Verriegeln aufeinandersteppen.

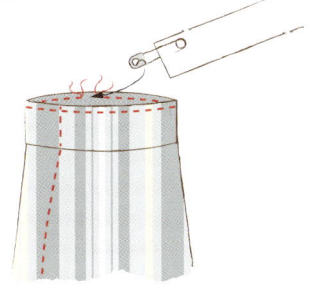

10 Die Öffnung am Bund schließen und die Nahtzugabe nach unten in den Rock bügeln.

Ein Tipp, den Astrid mir gab: Erst den Stoff einmal mit »normal« gelegtem Stoffbruch falten und so das Bündchen ausschneiden. Dann erst wie auf der Zeichnung zwei Stoffbrüche legen und die beiden Rockteile ausschneiden. Hat funktioniert.

Das Zuschneiden ging dann ganz einfach. Aber muss das Versäubern wirklich sein? Das dauert ja ewig ... Aber ich bin vorbildlich und versäubere alle Kanten.

Mist, bei der ersten Seitennaht markiere ich mir zwar vorher noch schön, wo der Schlitz endet, vergesse ihn dann aber. Anstelle einer lockeren Heftnaht am Anfang, nähe ich eine komplette feste Naht (inklusive Verriegeln) durch. Ich sehe, auch für dieses Buch werden mein Naht-auftrenner und ich wieder beste Freunde sein ...

Ein Handmaß habe ich nicht, und hab davon auch noch nie gehört. Ein Lineal tut's auch.

Ehe ich das Bündchen an den Rock nähe, lege ich mir sicherheitshalber das Gummiband mal darauf. Das soll ja gleich noch reinpassen.

Beim Nähen fällt mir ein blöder »Fehler« auf: Die Steck-nadeln wären andersrum wohl besser gewesen ;)

*Wie soll ich denn das breite Gummiband einziehen???
Ich habe doch nur diese Mini-Sicherheitsnadeln ... Da muss
ich wohl meine Schwiegermama fragen, sie hat bestimmt
übergroße Sicherheitsnadeln in ihrem Nähkörbchen.*

*Jawohl hat sie :) Ich nehme gleich zwei und befestige an
beiden Gummibandenden eine, falls mir das Gummiband
beim Einziehen am Ende plötzlich »verschwindet« kann ich
es so leichter wieder rausziehen.*

SPORTLICHER ROCK
Variante mit Knopfleiste

Zuschneiden

Als Saumzugabe 2 cm, an allen anderen Schnittkanten 1 cm Nahtzugabe zugeben.

Das vordere Schnittteil an der Webkante anlegen – ohne Nahtzugabe! Dies wird die Knopfleiste.

1. Umbruchlinie (3,25 cm von der Webkante) einzeichnen

2. Umbruchlinie (3,5 cm davon entfernt) einzeichnen

3. Linie (1,75 cm daneben) ergibt die Vordere Mitte für die Druckknöpfe.

Rückwärtiges Rockteil und Bündchen im Stoffbruch zuschneiden. Das Rockvorderteil doppellagig zuschneiden.

1x Rückenteil
2x Vorderteil
1x Bündchen

Vorbereitung

1 Nach dem Zuschneiden werden die Teile auseinandergenommen und alle Schnittkanten (bis auf die vorderen Kanten der Vorderteile und die Schmalseiten des Bündchens) von der rechten Seite mit Zickzackstich (siehe Technikteil Seite 18) versäubert.

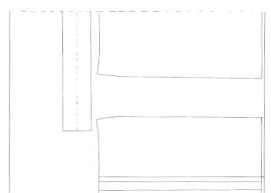

2 An den Rockvorderteilen werden die eigezeichnetn Umbruchlinien zur linken Seite umgebügelt, sodass jeweils saubere und verstärkte 3,5 cm breite Knopfleisten für die Druckknöpfe entstehen.

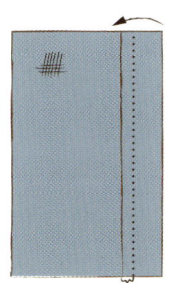 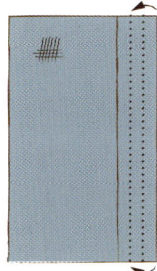

1,75 cm

Größe
36, 38, 40, 42, 44, 46

Material
Baumwollstoff, 80 cm (150 cm breit)

Gummiband, 5 cm breit, 70 cm lang (Größe 36) 74, 78, 82, 86, 90 (für alle anderen Größen)

8 Ring-Druckknöpfe, ø 1 cm (Prym: 390 107)

8 bunte Knöpfe, ø 2–2,5 cm

Stofftipp:
Wählen Sie z.B. Kattun oder Baumwollsatin, oder auch Popeline.

Schnittmusterbogen
1A + 1B

Anleitung

❶ Rückenteil und Vorderteile des Rocks rechts auf rechts aufeinanderlegen und zuerst den Schlitz an den Seitennähten heften. Dazu an der Nähmaschine eine große Stichlänge (5–6 mm) einstellen. Mit dem Heften an der Saumkante beginnen und die Naht, ohne zu verriegeln (!), bis zum Schlitzzeichen schließen. Ohne abzusetzen an der Nähmaschine eine normale Stichlänge (2,5–3 mm) einstellen und die Naht ohne abzusetzen weitersteppen. Diesmal werden Nahtanfang und -ende verriegelt. Auf diese Weise beide Seitennähte schließen, sodass bereits ein Rock erkennbar ist. Die Nähte auseinanderbügeln.

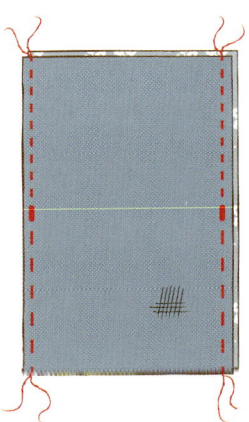

❷ Das Bündchen in der Längsrichtung zur linken Seite halbieren und an den beiden Schmalseiten mit 1 cm Naht verstürzen (siehe Glossar), so dass beide Enden versäubert sind.

❸ Das Bündchen auf rechts wenden, sodass die Nähte innen liegen. Den entstandenen Bruch bügeln und auch die beiden versäuberten vorderen Bundabschlüsse.

❹ Den Heftstich an den Schlitzen auftrennen.

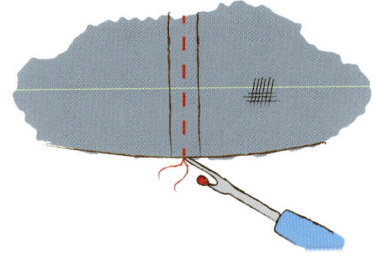

❺ Dann den Rocksaum nähen: Dazu die Saumkante 2 cm zur linken Seite umbügeln. Damit der Saum überall gleichbreit wird, mit dem Handmaß von der versäuberten Schnittkante aus die doppelte Breite, also 4 cm, nach oben messen und anzeichnen. Die Schnittkante an diese Linie klappen und festbügeln. Nun die Saumzugabe von der rechten Stoffseite aus 1,75 cm breit feststeppen. Die eingeschlagenen Knopfleisten bleiben erstmal unberücksichtigt!

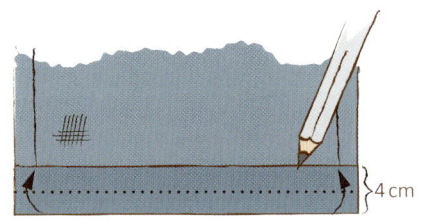

4 cm

6 Die eingeschlagenen Schlitzkanten und den Saum noch einmal bügeln und von rechts füßchenbreit festnähen.

7 Jetzt die Knopfleisten noch einmal nachbügeln und auf den linken Seiten knappkantig auf den Umbruchlinien feststeppen.

8 Das Bündchen mit den versäuberten Kanten rechts auf rechts an der Taillenlinie des Rocks feststecken. Es ist dabei wichtig, dass die Bündchennaht mit den vorderen Kanten der Knopfleisten bündig liegt – dann passt es auch von der Länge.

9 Das Bündchen feststeppen, jedoch zwei ca. 5 cm lange Öffnungen, jeweils 4 cm nach Beginn und ca. 4 cm vor Beendigung des Annähens zum Einziehen des Gummis lassen.

Öffnung für das Gummiband

Erklärung: Das Gummiband ist 5 cm breit, muss also durch die Öffnungen hindurch passen und durch Durchsteppen auf beiden Seiten (vor Beginn der Knopfleisten) befestigt werden. Außerdem ist zu berücksichtigen, dass die Druckknöpfe an den vorderen Kanten durch das Bündchen geschlagen werden. Somit sollte dieser Bereich (jeweils ca. 4 cm) glatt sein und kein Gummiband haben.

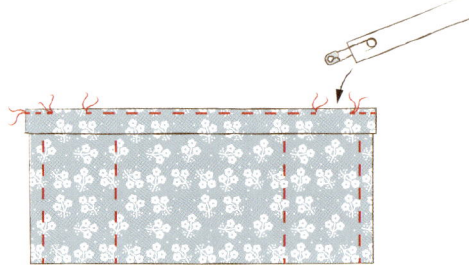

10 Beim Einziehen des Gummibandes erst mal die eine Seite durchsteppen, damit sie fixiert ist. Dabei genau auf der Nahtlinie der Knopfleiste nähen.

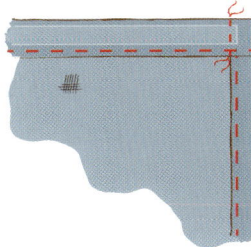

11 Durch das Anziehen zur anderen Seite kräuselt sich das Bündchen. Dann wird das Gummiband auch am anderen Ende festgesteppt. Durch Glattziehen des Bündchens können dann beide 5 cm-Öffnungen geschlossen werden.

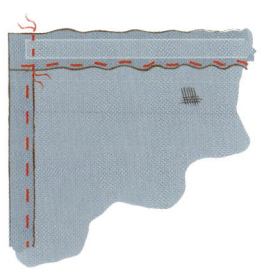

12 Die Position der Druckknöpfe auf den Knopfleisten markieren und gemäß Herstellerangaben anbringen. Die Druckknöpfe bestehen oben aus einem Ring, sodass nach dem Anbringen in ihrer Mitte eine Stofffläche entsteht, die es ermöglicht, darin einen Knopf festzunähen. Daher ist kein Knopfloch für diesen Verschluss erforderlich.

vordere Mitte

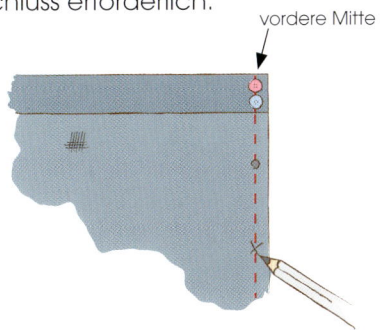

Tipp: Damit die Knöpfe hinterher nicht schief zusammengeknöpft aussehen, zeichnen Sie die Positionen für Druckknöpfe am besten auf den übereinandergelegten Knopfleisten zusammen an. Mit einer Stecknadel können Sie den Punkt zur anderen Seite durchstechen.

HALB-GLOCKENROCK MIT STRICKBÜNDCHEN
Aus 1 mach 2: Dieser Rock kann auch ein Kleid sein!

Zuschneiden

Als Nahtzugabe am Rockschnittteil aus Baumwollstoff 2 cm an der rückwärtigen Mittelnaht (Webkante) zugeben, sowie je 1 cm am oberen Ausschnitt und Saum.

Das Schnittteil gemäß Schnittauflageplan im Stoffbruch zuschneiden.

1x Glockenrock (aus Baumwollstoff)
1x Taillenbund aus Schlauchware: 32 cm breit, 70, 74, 78, 82, 86, 90 cm lang (plus 2 cm Nahtzugabe

Vorbereitung

Den Stoff noch nicht auseinandernehmen! Oberen Ausschnitt am Rock vierteln (und wegen der Rundung mit aufgestelltem Maßband messen): Hintere Mitte, vordere Mitte und jeweils die Seiten kennzeichnen.

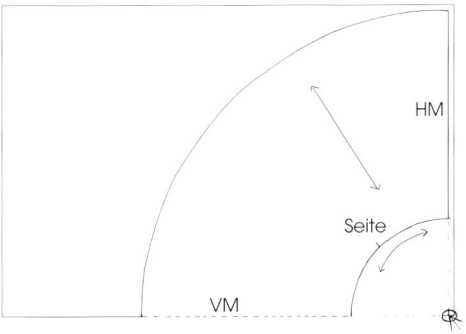

Größe
36, 38, 40, 42, 44

Material
Baumwollstoff, 192, 194, 197, 199 cm (150 cm breit)

Schlauchware für Bündchen, 35 cm (150 cm breit)

Stofftipp:
Wählen Sie einen leicht fallenden Baumwollstoff.

Schnittmusterbogen
1B

Anleitung

❶ Vor dem Auseinandernehmen des zugeschnittenen Rockes die hintere Naht an der Webkante von unten nach oben zusammennähen und auseinanderbügeln.

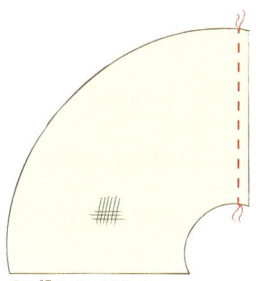

Stoffbreite 140 cm

❷ Die Saumkante und den Taillen-ausschnitt des Rockes sowie die beiden langen Schnittkanten der Schlauchware mit Zickzackstich versäubern (siehe Technikteil Seite 18).

❸ Um den 1 cm breiten Saum des Rockes besser umbügeln zu können, wird, egal, ob von rechts oder links, mit dem Heftstich der Nähmaschine (Stichlänge 5–6 mm) 1 cm von der Schnittkante eine Linie rings um den gesamten Rock genäht.

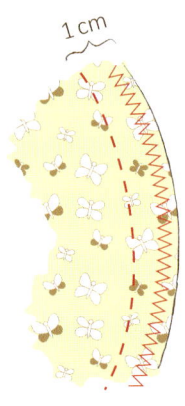

1 cm

Tipp: Dazu die Nadelstellung so nach links verändern, dass der Abstand von der Einstichstelle bis zum rechten Füßchenrand 1 cm beträgt; auf diese Weise können Sie die Schnittkante am Rande des Füßchens führen. Falls die Nadelstellung nicht verändert werden kann, messen Sie von der heruntergelassenen Nadel 1 cm nach rechts und kleben dort ein Stück Pflaster auf die Stichplatte. So erhalten Sie eine Linie zum Anlegen der Schnittkante.

❹ Den Rock mit der linken Seite nach oben über das Bügelbrett legen und den Saum anhand der Markierungsnaht einbügeln.

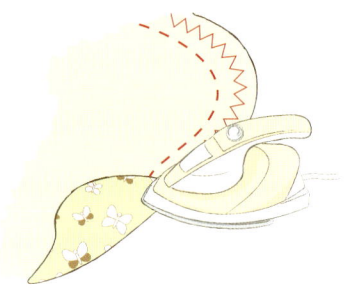

❺ Anschließend den Saum von der rechten Seite aus füßchenbreit absteppen (Nadelstellung gegeben-falls wieder mittig!). Den Heftfaden herausziehen.

6 Das Bündchenschnittteil an den kurzen Seiten bei 1 cm Nahtbreite rechts auf rechts schließen und die Naht auseinanderbügeln.

7 Nun das Bündchen zur Hälfte einschlagen, sodass die Naht innen liegt und beide versäuberte Kanten aufeinanderliegen. Wie an der Taillenkante des Rocks auch hier hintere Mitte, vordere Mitte sowie die Seiten kennzeichnen.

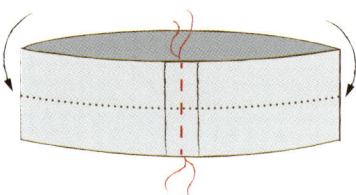

8 Der Bundstreifen ist nun ca. 15 cm breit und wird an den vier markierten Punkten auf die rechte Seite der Taille auf den Rock gesteckt. Die Schlauchware dabei auf die Weite des Ausschnittes dehnen und mit 1 cm Nahtbreite zusammennähen: Rock oben, Schlauchware unten. Die Nahtzugabe wird automatisch beim anschließenden Hochstellen des Bündchens nach unten gedrückt.

9 Das Bündchen beim Tragen als Rock zur Hälfte nach außen umschlagen.

Tipp: Wenn Sie den Rock mit aufgeschlagenem Bündchen über die Brust ziehen, wird er zum schwingenden Bandeau-Kleid!

Nach zehn Minuten auf die Anleitung starren habe ich es dann auch begriffen: für diesen Rock gibt es kein vorgefertigtes Schnittmuster. Dann also Freestyle ;)

Ich breite den Stoff auf dem (inzwischen frei geräumten) Tisch aus, und brauche ein Maßband... Ich weiß ich habe eins, irgendwo. Maßband ist schnell gefunden, und nach nochmaligem zehn Minuten Anleitung und Zeichnung anstarren, verstehe ich jetzt auch, wie der Stoff abgemessen wird. Die Zentimeterzahl meiner Größe ergibt den oberen Ausschnitt, ab da messe ich dann die Rocklänge. Beim Ausmessen fällt mir auf, dass ich den Stoff anscheinend falsch gelegt habe, er ist zu kurz. Soll ja kein Mini-Rock werden. Also nochmal neu »umfalten«.

Und schon ist mein Tisch viel zu klein, vielleicht hätte ich mich doch für einen Mini-Rock entscheiden sollen...

Für die »perfekte« Kreisform spanne ich mein Maßband von Punkt 0 aus und führe es langsam vom Stoffbruch unten zur Webkante rechts und strichele alle paar Zentimeter bei der gewünschten Länge.

Das ausgeschnittene Rockteil macht Mut, dass am Ende tatsächlich ein Rock dabei rauskommen könnte!

Das Zuschneiden des Bündchens war dann ganz leicht, hier kam sogar mein neues Kreiderädchen zum Einsatz. Coole Erfindung.

Die nächsten Schritte waren jetzt ganz einfach, den Heftfaden am unteren Saum habe

ich mir aber erspart. Hat mir bestimmt drei Jahre meines Lebens geschenkt, und das Saum-Umbügeln ging trotzdem gut.

So, der Rest ging jetzt ruckzuck und schon ist ein Rock fertig! :)

HÜFTROCK MIT REISSVERSCHLUSS

Nur keine Panik! Wir schaffen das!

Zuschneiden

An der rückwärtigen Mittelnaht und am Saum 2 cm Nahtzugabe zugeben. An allen anderen Schnittkanten und auch am Besatz 1 cm Nahtzugabe zugeben.

Vorderes Rockteil und vorderen Besatzstreifen im Stoffbruch zuschneiden. Rückwärtiges Rockteil und rückwärtigen Besatzstreifen doppellagig zuschneiden.

Anleitung

❶ Ohne das zugeschnittene doppelte Rückenteil auseinanderzunehmen, als erstes die rückwärtige Mittelnaht schließen: Unten am Saum beginnen, verriegeln, und bis zum Schlitzzeichen des Reißverschlusses steppen, dort ebenfalls verriegeln. Ohne abzusetzen nun den Rest der Naht heften. Dazu die Nähmaschine auf eine Stichlänge von 5–6 mm einstellen – und Anfang und Ende der Naht diesmal nicht verriegeln (da sie für das Einnähen des Reißverschlusses später wieder aufgetrennt wird). Die Naht auseinanderbügeln.

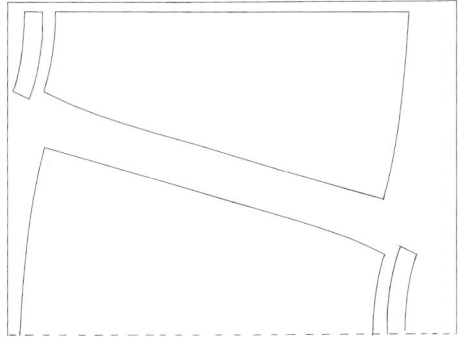

Größe
36, 38, 40, 42, 44

Material

Halbleinen, 100 cm (150 cm breit)

Farblich passenden Reißverschluss, 22 cm lang

Formband (Vlieseline), 1,10 m

Stofftipp:

Außer Halbleinen eignen sich auch Baumwollköper oder leichter Jeansstoff.

Schnittmusterbogen

1B

❷ Als nächstes das Formband auf die Taillenlinien der Stoffrückseiten des rückwärtigen Rockteils aufbügeln. Die Taillenlinie des Vorderrocks ebenso mit Formband verstärken. Der sichtbare Faden des Formbandes liegt genau auf der Nählinie.

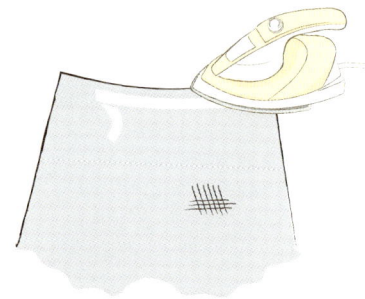

❸ Die Besatzstreifen an den Seiten zusammennähen und auseinanderbügeln – Achtung: Die rückwärtige Mittelnaht bleibt offen.

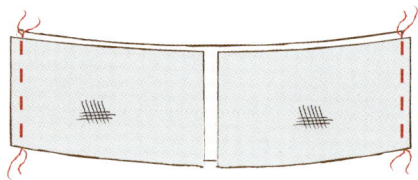

Im Anschluss die Schnittkanten der Rock-Seitennähte und Säume sowie die untere Kante des Besatzstreifens mit Zickzackstich versäubern (siehe Technikteil, Seite 18).

❹ Jetzt den Reißverschluss einarbeiten: Die Heftnaht auftrennen und den geschlossenen Reißverschluss so unter dem Schlitz einstecken, dass er nicht sichtbar ist und die beiden Schlitzbrüche genau aneinander stoßen. Die beiden oberen Bandenden sind bündig mit der Schnittkante des Rockes. Der Stoffbruch bedeckt haarscharf die Zähnchenreihe des Reißverschlusses, wenn er geöffnet ist.

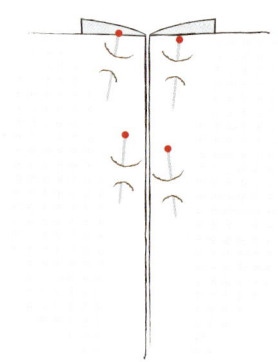

Stecknadeln von oben nach unten stecken

Tipp: Damit der doppelte Stoff sich nicht während des Nähens verschiebt, können Sie die Innenseite der Nahtzugabe mit Aqua-Fixierstift einstreichen. Diese auswaschbare Heft- und Steckhilfe ist ideal für schwierige Nähabläufe. Zusätzlich können Sie das Textilband des Reißverschlusses mit Aqua-Fixierstift versehen und unter den Stoffbruch kleben.

❺ Nun mit dem Reißverschlussfüßchen – fühlbar neben der darunterliegenden Zähnchenreihe – am unteren Ende des Reißverschlusses beginnend nach oben die erste Naht nähen. Unten das Verriegeln nicht vergessen! Die zweite Naht beginnt ebenfalls unten und verläuft erst quer über die Breite des Reißverschlusses – auch hier ordentlich verriegeln! Dann den Stoff rechtwinklig drehen und auf der anderen Seite entlang der zweiten Zähnchenreihe zurück nach oben nähen. Achtung: Eine Verriegelung der oberen Nahtenden ist überflüssig, da dort der Besatz angenäht wird.

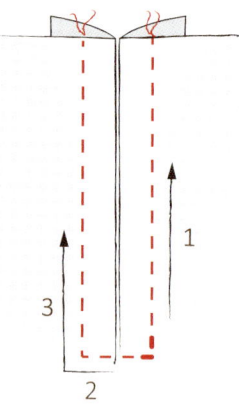

6 Als nächstes die Rock-Seitennähte von unten am Saum bis hoch zur Taille schließen und auseinanderbügeln. Jetzt ist bereits ein Rock erkennbar.

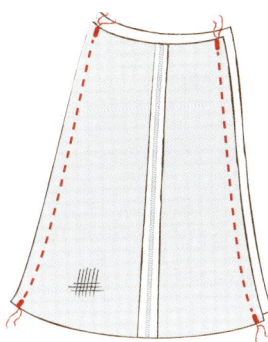

7 Den Saum an der versäuberten Kante 2 cm breit einbügeln und von der rechten Rockseite aus mit 1,75 cm Breite feststeppen. Den Rock auf die rechte Seite drehen.

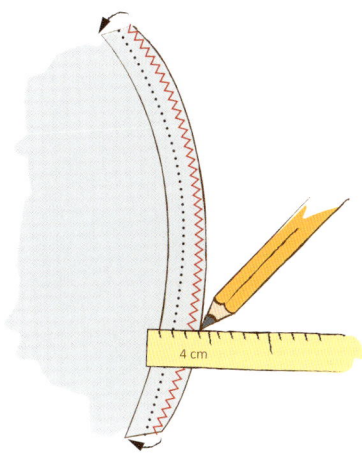

Tipp: Damit der Saum überall gleichbreit wird, können Sie mit dem Handmaß von der versäuberten Schnittkante aus die doppelte Breite, also 4 cm, nach oben messen und anzeichnen. Die Schnittkante wird dann an diese Linie geklappt und festgebügelt.

8 Jetzt wird der Besatzstreifen angenäht: Dazu den Streifen rechts auf rechts auf der Rockseite auf der Taillenlinie feststecken. Die 1 cm Nahtzugabe für die rückwärtige Mitte bleibt unberücksichtigt. Beim offenen Reißverschluss beginnen, den Faden des Formbandes als Nählinie nutzen, und den Besatz feststeppen. Die Nahtzugabe des Streifens bis auf 5 mm einkürzen (dadurch gibt es einen besseren Übergang bei der Naht) und die gesamte Zugabe, speziell an den Rundungen, im Abstand von ca. 5 mm einschneiden.

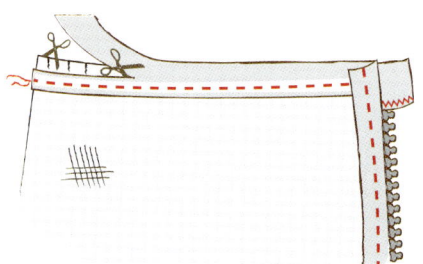

9 Jetzt wird's etwas schwierig: Der Besatz wird über die beiden Nahtzugaben gelegt, sodass jetzt Rock und Streifen von rechts zu sehen sind. Dann knappkantig auf dem Besatz die darunterliegende Nahtzugabe feststeppen. Dadurch ergibt sich ein sauberer oberer Rockabschluss.

10 Die 1 cm Nahtzugabe des Besatzes am Reißverschluss um die festgesteppte Zugabe nach innen klappen und entweder mit der Maschine oder von Hand festnähen.

11 Als Letztes wird der Rock mit dem Besatz von rechts in der Seitennaht mit der Maschine durchgenäht. Zum Abschluss den fertigen Rock bügeln.

Astrid hat mir ja geraten, Baumwollstoffe ohne Schleudergang zu waschen und tropfnass aufzuhängen. Damit soll das Bügeln danach einfacher sein. Hab ich natürlich so ausprobiert, und oje, was für eine Sauerei. Die Tüte, in der ich den komplett durchweichten Stoff von der Waschmaschine zur Wäscheleine im Garten transportiert habe, hat offenbar ein Loch, oder eher mehrere. Es schwimmt alles! Oder anders gesagt: Man konnte meiner Wasserspur durchs ganze Haus folgen, so ein bisschen wie mit den Brotkrumen bei Hänsel und Gretel ;) Mal sehen wie schnell der Stoff jetzt trocknet, und ob das Bügeln dann wirklich so viel einfacher ist. Beim nächsten Stoff versuche ich lieber das Schonschleudern, vielleicht hilft das ja auch:

Das Zuschneiden und erste Nähen geht ganz leicht. Aber habe ich schon erwähnt, dass ich Versäubern überhaupt nicht mag?! ;)

Den Reißverschluss einzunähen war zwar etwas fummelig, aber lief doch recht gut. Ist ja nicht mein erster Reißverschluss gewesen, allerdings der erste in einem Kleidungsstück.

Beinahe hätte ich den Besatzstreifen komplett nach innen gekippt, bemerke aber rechtzeitig, dass nur die Nahtzugaben und der Streifen abgesteppt werden sollen.

Der Zentimeter Nahtzugabe vom Besatz beim Reißverschluss hat sich irgendwie verflüchtigt, so dass ich etwas »schräger« umnähen musste.

SHIRTS

Echte Basics, die wir am liebsten in jeder Farbe im Schrank haben wollen – das sind die Oberteile, die auf den nächsten Seiten beschrieben werden. Weil sie so schlicht sind, lassen sie sich perfekt kombinieren und machen jeden Trend mit. Am besten gleich einen ganzen Stapel nähen – je mehr Übung man hat, desto leichter geht's.

TAILLIERTES TOP OHNE ÄRMEL

Davon nähe ich gleich noch eins!

Zuschneiden

An allen Schnittkanten ringsherum 1 cm Nahtzugabe zugeben.

Jeweils parallel zu den Webkanten zwei Stoffbrüche legen, die die breiteste Stelle im Schnitt um mindestens 2 cm überragen. Die rechte Stoffseite ist innen.

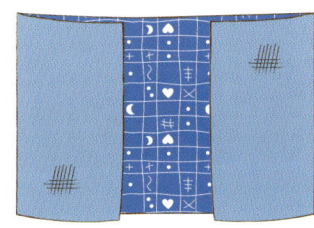

Das rückwärtige und das vordere Schnittteil an die beiden Stoffbrüche legen und feststecken.

Es ist empfehlenswert, die Nählinien (die Kanten des Schnittes) um den Schnitt herum auf den Stoff zu zeichnen (mit dem Kreiderädchen lässt sich Jersey sehr gut markieren), da dadurch das Aufbügeln des Formbands erleichtert wird.

1x Vorderteil
1x Rückenteil

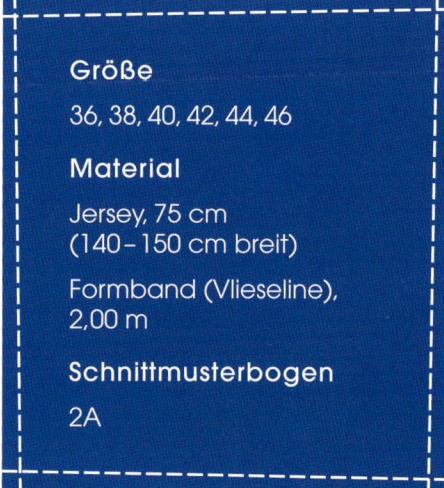

Größe

36, 38, 40, 42, 44, 46

Material

Jersey, 75 cm
(140–150 cm breit)

Formband (Vlieseline),
2,00 m

Schnittmusterbogen

2A

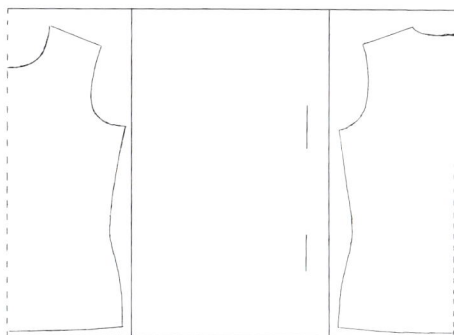

Vorbereitung

❶ Nach dem Zuschneiden können die Papierschnittteile entfernt werden. Die Nadeln, die das Papier festhielten, wieder in die beiden Stoffteile stecken, damit sie nicht verrutschen.

❷ Die gedoppelten Teile auf das Schneiderkopierpapier (Farbseite nach oben!) legen und mit dem Kopierrädchen alle Nählinien und Markierungszeichen durchradeln. So entsteht auf der linken Stoffseite des zweiten Teils eine feine Pünktchenlinie, nach der auch genäht werden kann.

❸ Danach die Stecknadeln entfernen, die Stoffteile aufklappen und mit der linken Seite nach oben auf das Bügelbrett legen.

❹ Als nächstes das Formband wie folgt aufbügeln: Den Faden des Formbandes deckungsgleich auf die Nählinie des Halsausschnittes und der beiden Armlöcher legen und festbügeln. Dabei darauf achten, dass der Streifen mit den Klebepunkten auf dem Stoff liegt; vorsichtshalber ein Tuch auf die Teile legen.

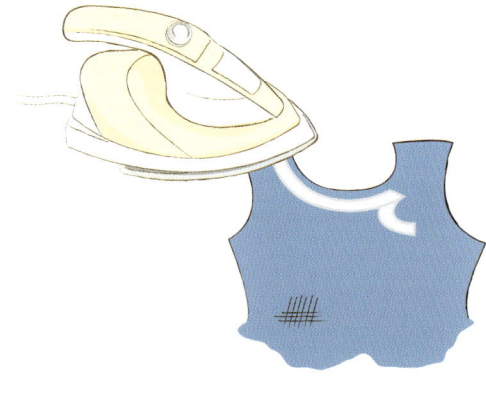

Anleitung

❶ Beide Teile an allen Schnittkanten mit einem Zickzackstich versäubern (siehe Technikteil Seite 18).

❷ Als nächstes rechts auf rechts die Schulternähte schließen. Dabei auf dem Vorderteil nähen, da häufig die rückwärtige Schulternaht etwas länger ist – sie wird eingehalten (siehe Glossar), um die Anatomie der Schulter nachzuempfinden, die vorn etwas nach innen und hinten nach außen gewölbt ist. Die Nahtzugaben der Schulternähte auseinanderbügeln.

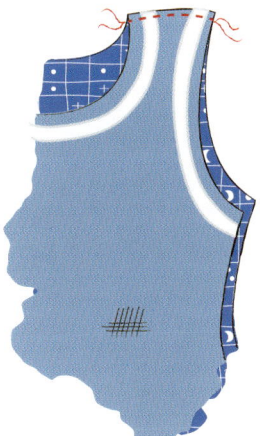

❸ Die 1 cm breiten Nahtzugaben des Halsausschnittes und der Armausschnitte werden auf die linke Seite gebügelt.

> **Tipp:** Da es relativ kniffelig ist, diese schmale Zugabe zur linken Seite umzuklappen, erstellen Sie sich aus dünner Pappe einen 1 cm breiten Streifen und benutzen ihn als Schablone: Legen Sie den Pappstreifen an die Nählinie der Kante (in diesem Fall der Faden des Formbandes) und schieben Sie die Zugabe mit dem Bügeleisen um den Pappstreifen, bis er verdeckt ist.

Anschließend können Sie von der rechten Seite füßchenbreit von der Umbruchkante entfernt diese Zugaben feststeppen.

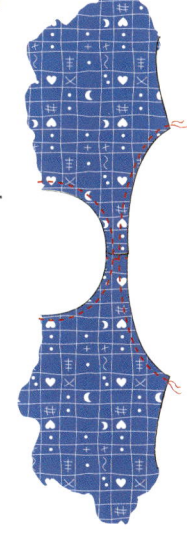

❹ Nun die Seitennähte von unten nach oben schließen. Darauf achten, dass die Endpunkte unter dem Armloch an der Nählinie exakt (!) zusammenpassen. Anschließend die Nahtzugaben auseinanderbügeln.

❺ Zum Schluss den Saum 1 cm nach links umbügeln und von der rechten Seite aus füßchenbreit feststeppen. Das T-Shirt nochmals bügeln – fertig.

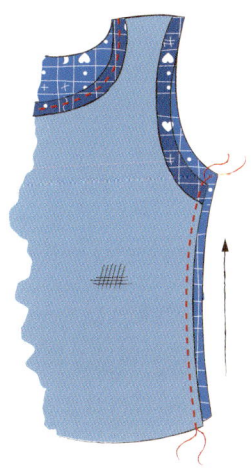

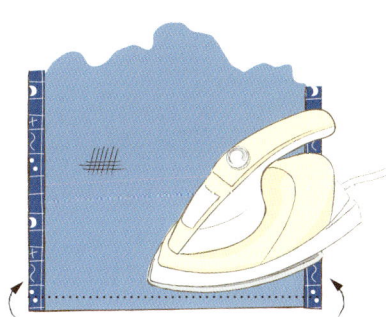

Astrid hatte mir den Tipp gegeben, Jersey nicht vorzuwaschen, da es sich sonst zu stark verzieht und dann schwer zu schneiden und zu nähen ist. Also kann ich gleich loslegen.

Leider ist die Kreide kaum zu erkennen auf der weißen Rückseite vom Jersey, deshalb versuche ich es mal mit einem Bleistift. Ehe ich zum Edding greifen muss ;)

So, beide Teile sind ausgeschnitten, und mit viel Konzentration habe ich es geschafft, auch an die Nahtzugabe zu denken.

Ich habe leider weder Schneiderkopierpapier (ob das wohl sowas wie dieses Blaupapier von früher ist?) und auch kein Kopierrädchen, also muss ich diesen Schritt ausfallen lassen. Wird hoffentlich auch so funktionieren.

Nächster Schritt: Buuh, Vlieseline aufbügeln. Na hoffentlich landet die diesmal am richtigen Stoff, da habe ich ja schon meine Erfahrungen mit machen dürfen …

Beim Umbügeln der Schulternähte habe ich es irgendwie geschafft noch das Formband »aufzurollen« …

Das Umbügeln und Nähen des Halsausschnittes klang einfacher als es am Ende war. Das Umbügeln war eine furchtbare und fruchtlose Fummelei, und beim Nähen bin ich viel zu dicht an den Rand gekommen. Wie meistens. Beim Umnähen der Armöffnungen habe ich mich bemüht nicht zu dicht an den Rand zu nähen, und prompt stellenweise nicht den ganzen Stoff erwischt.

So, knapp vier Stunden später und ich habe mein erstes selbstgenähtes und tragbares Shirt in der Hand. Toll :)

SHIRT MIT U-BOOT-AUSSCHNITT
und angeschnittenen Ärmeln

Zuschneiden

An den Seiten-, Schulter- und Ausschnittkanten 1 cm Naht-zugabe, an den Säumen 3 cm zugeben. Die Schnittteile im Stoffbruch zuschneiden.

1x Vorderteil
1x Rückenteil

Vorbereitung

Nach dem Zuschnitt die aufgeklapp-ten Teile mit der linken Seite nach oben auf das Bügelbrett legen. Die Halsausschnitte mit Formband bebügeln, wobei der Faden des Formbands deckungsgleich mit der Umbruchlinie ist.

Größe

36, 38, 40, 42, 44

Material

Jersey, 90 cm
(120–150 cm breit)

Formband (Vlieseline),
1,50 m

Schnittmusterbogen

2A

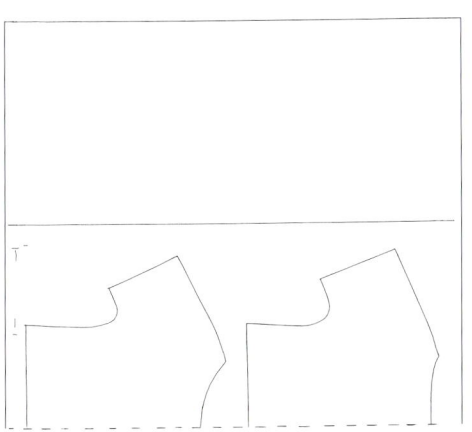

Anleitung

❶ Die Halsausschnittkanten und dann alle anderen Schnittkanten von der rechten Seite mit Zickzackstich versäubern (siehe Technikteil Seite 18).

❷ Jeweils die Nahtzugabe von 1 cm an den beiden Ausschnittkanten zur linken Seite umbügeln. Darauf achten, dass es wirklich 1 cm ist – auf keinen Fall weniger!

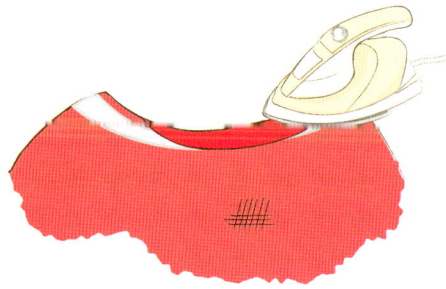

❸ Die umgebügelte Kante von der rechten Seite aus füßchenbreit feststeppen – mit Verriegeln!

Tipp: Da es relativ kniffelig ist, diese schmale Zugabe zur linken Seite umzuklappen, erstellen Sie sich aus dünner Pappe einen 1 cm breiten Streifen und benutzen ihn als Schablone: Legen Sie den Pappstreifen an die Nählinie der Kante (in diesem Fall der Faden des Formbandes) und schieben Sie die Zugabe mit dem Bügeleisen um den Pappstreifen, bis er verdeckt ist. Von der rechten Seite können Sie die Zugabe nun ganz leicht füßchenbreit von der Umbruchkante entfernt feststeppen.

❹ Jetzt die Schulternähte rechts auf rechts zusammenstecken. Dabei darauf achten, dass am Ausschnitt die Endpunkte an den Nählinien (!) exakt zusammenpassen (nicht an den Schnittlinien). Der Ausschnitt bildet an der Schulter eine Spitze. Die Nähte zusammennähen und anschließend auseinanderbügeln.

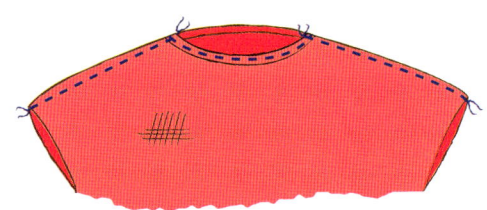

❺ Falls erforderlich, die Nahtzugaben am Ausschnitt mit Nadel und Faden per Hand von der linken Seite befestigen oder von rechts genau auf den Nählinien mit der Nähmaschine festnähen.

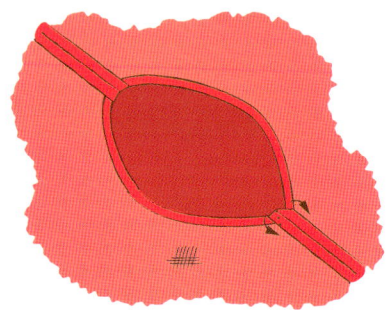

❻ Als nächstes die Ärmelsäume umbügeln: Dazu die Shirtteile mit der linken Seite nach oben auf das Bügelbrett legen, an den Ärmelkanten 6 cm anzeichnen, die Stoffkante an die Linie kippen, bügeln und feststeppen.

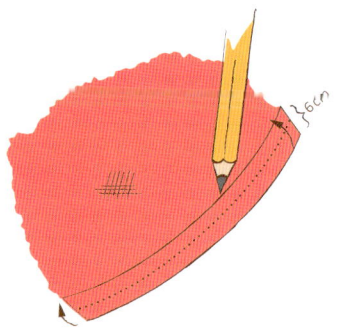

❼ Nun die Seitennähte inklusive der angeschnittenen Ärmel schließen und die Nahtzugaben auseinanderbügeln. Durch den scharfen Achselbogen ist das Bügeln nicht ganz so einfach, aber es macht nichts, den Jersey an diesen Stellen etwas zu dehnen.

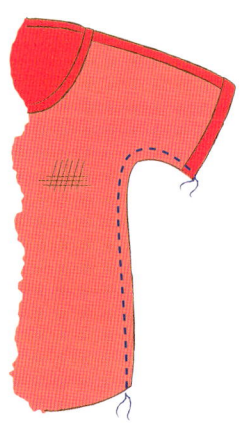

❽ Als letztes den Saum arbeiten. Dazu wie bei den Ärmeln 6 cm anzeichnen, die Saumkante an die Linie legen, bügeln und festnähen.

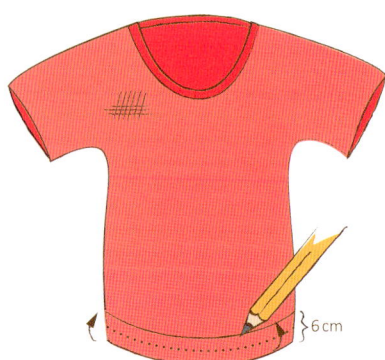

Ich bin sehr gespannt auf das fertige T-Shirt – ich liebe U-Boot-Ausschnitte! :)

Der Zuschnitt war schon mal sehr einfach, auch weil die beiden Einzelteile diesmal nicht so riesig sind wie bei den Röcken oder Kleidern. Damit ich die 3 cm Nahtzugabe am Saum richtig schneide, male ich mir eine Linie mit dem Kreiderädchen.

Bis auf das nervige Versäubern der Kanten war alles ziemlich einfach und mir gefällt das Shirt sehr :) Das wird definitiv ein zweites Mal genäht, dann aber etwas länger, muss ja nicht jeder sehen, dass ich keinem Stück Kuchen widerstehen kann ;)

Wichtiger Hinweis: Achtet hier ganz besonders auf den Fadenlauf, damit das Shirt sich in die Breite dehnen kann, und nicht in die Länge.

KLEIDER

Kleider tragen wir am liebsten – einfach überziehen und schon fertig angezogen! Mit ein paar passenden Accessoires und tollen Schuhen wird daraus im Handumdrehen ein perfektes Outfit. So ist Selbstgenähtes bürotauglich.

Die beiden Kleiderschnitte sind wunderbar wandelbar: Entscheidend für den Stil ist die Stoffauswahl. Einfach mal ausprobieren!

JERSEY-KLEID

ein echtes Allround – Talent, ob mit oder ohne Muster

Zuschneiden

An Besatz-, Schulter- und Seitennähten 1 cm Nahtzugabe bis zum Schlitzzeichen zugeben und als Schlitzzugabe, sowie an Ärmel- und Rocksaum 1,5 cm.

Besatz, sowie Vorder- und Rückenteil jeweils im Stoffbruch zuschneiden.

Vorderteil 1x
Rückenteil 1x
Vorderer Besatz 1x
Hinterer Besatz 1x

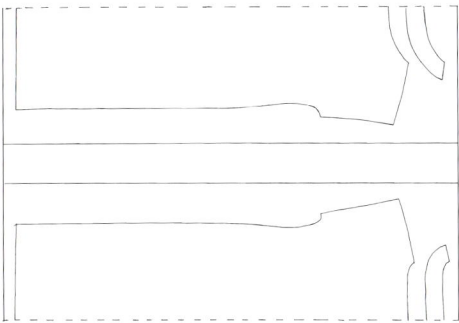

Vorbereitung

❶ Die Halsausschnittkanten von Vorder- und Rückenteil von links mit Formband bebügeln, sodass der sichtbare Faden des Formbandes mit der Nählinie deckungsgleich ist. Die Nahtzugaben der Schlitze ebenso damit verstärken.

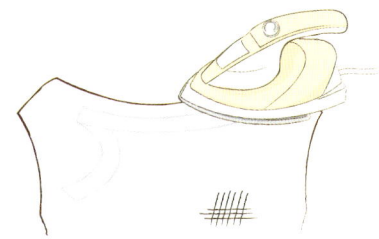

❷ Die Schulternähte des Besatzes zusammennähen und auseinanderbügeln.

❸ Die Außenkante mit Zickzackstich versäubern (siehe Technikteil, Seite 18), und ebenso alle Schnittkanten des Vorder- und Rückenteils, bis auf die Halsausschnittkanten.

Anleitung

❶ Vorder- und Rückenteil an den Schulternähten zusammennähen und auseinanderbügeln. Die Nählinien müssen passen!

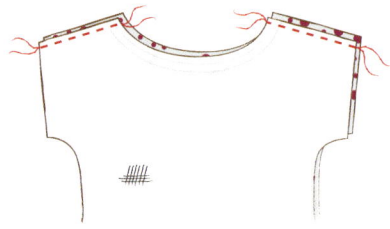

❷ Nun wird der Besatzstreifen rechts auf rechts an den Halsausschnitt gesteckt und, auf dem Formband nähend, zusammengesteppt.

❸ Anschließend die Nahtzugabe des Besatzes auf 5 mm einkürzen und dann beide Nahtzugaben an den Rundungen ca. alle 5 mm bis kurz vor der Naht einschneiden. Dadurch liegt der Besatz nach dem Umdrehen zur linken Seite glatt, und die Zugaben drücken nicht durch.

❹ Den verstürtzten Halsausschnitt auf das Bügelbrett legen und bügeln. Anschließend den Besatz von rechts bei 1,25 cm Nahtbreite festnähen.

❺ Als nächstes die Ärmelsäume 1,5 cm breit umbügeln und absteppen.

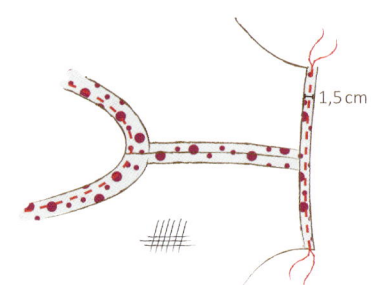

6 Nun die Seitennähte rechts auf rechts wie folgt schließen: An der Nähmaschine eine Stichlänge von 5–6 mm einstellen und mit diesem großen Stich (Heftstich) und ohne zu verriegeln bis zum Markierungszeichen für den Seitenschlitz nähen. Hier die Stichlänge wieder reduzieren, verriegeln, und bis hin zum Ärmelsaum weiter steppen. Dort die Naht ebenfalls verriegeln.

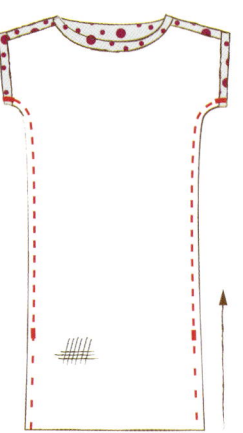

7 Die Seitennähte bis hinunter zum Saum auseinanderbügeln. Dann die Heftfäden an den Schlitzen auftrennen.

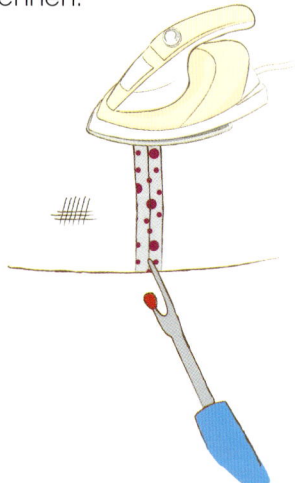

8 Den Saum 1,5 cm breit umbügeln und anschließend von der rechten Seite 1,25 cm breit absteppen. Zum Schluss die Schlitzzugaben über den Saum klappen, alles feststecken und ebenfalls von rechts bei 1,25 cm Breite rundherum festnähen.

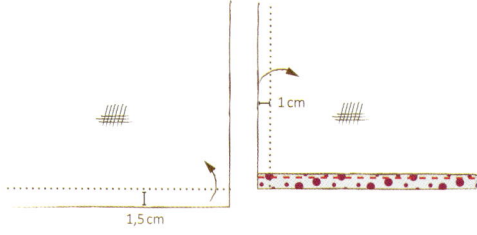

1 cm

1,5 cm

Das Ausschneiden war zwar etwas fummelig, aber doch recht schnell gemacht. Ich finde es nur immer wieder schwierig, an die Nahtzugabe zu denken ...

Ich weiß nicht, ob es notwendig ist, aber damit ich Vorder- und Rückteil nicht verwechseln kann, beschrifte ich sie mit meinem Kreiderädchen mit einem V und einem R.

Beim Aufbügeln des Formbands daran denken: Die knubbelige Seite gehört auf den Stoff ;)

Als ich die Außenkante des Besatzes versäubere, verstehe ich endlich, warum so viele sagen, dass Jersey sich schwer nähen lässt.
Der eigentlich so schöne weiche Stoff verzieht sich ständig und die Nähmaschine verschluckt ihn :-/ Mal wieder!

Als ich Vorder- und Rückenteil zusammennähen will, löst sich ein Formband. Hab ich wohl vorher nicht lange genug aufgebügelt ...

Beim Zusammennähen von Besatz und Halsausschnitt war ich nicht vorsichtig genug und habe mir eine Falte in den Besatz genäht. Hm, ok, mehr als eine. Aber man sieht's nicht, ist ja innen.

Wow, der Rest war jetzt ganz einfach, und das Ergebnis ist ein wunderbar kuscheliges und bequemes Kleid, das ich gar nicht mehr ausziehen möchte!

Interessanter Fakt nebenbei: ich hatte mir doch Vorder- und Rückteil markiert, aber jetzt beim Tragen habe ich das Kleid verkehrt herum an. Irgendwie passt es so besser am Ausschnitt...

LEINENKLEID MIT AUFGESETZTEN TASCHEN

luftig und lässig für den Sommer

Zuschneiden

Folgende Nahtzugaben zugeben: an Ärmel- und Rocksäumen 3 cm, an Tascheneingriffkanten und Schlitz 2 cm, an den Seitennähten bis zum Schlitzzeichen 1 cm, sowie an Besatz, Schulternähten und Halsausschnitt 1 cm.

Kleidvorder- und Rückenteil sowie die Besatzstreifen im Stoffbruch, die Tascheneingriffe doppellagig zuschneiden.

Vorderteil 1x
Rückenteil 1x
Vorderer Besatz 1x
Hinterer Besatz 1x
Tascheneingriff 2x

Vorbereitung

1 Als erstes die Ausschnittkanten auf der linken Stoffseite und die schrägen Eingriffkanten der Taschenbeutel mit Formband bebügeln, wobei der sichtbare Faden des Formbandes deckungsgleich mit den Nählinien liegen sollte.

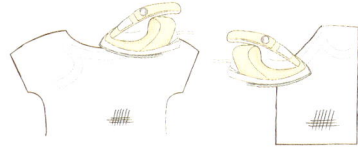

2 Die Nahtzugabe der Eingriffskante umbügeln und zusätzlich 5 mm einschlagen, damit dadurch die Kanten sauber und knappkantig festgesteppt werden können.

5 mm

3 Am Besatz die Schulternähte zusammennähen und auseinanderbügeln.

Größe

36, 38, 40, 42, 44

Material

Leinenstoff, 235 cm
(150 cm breit)

Formband (Vlieseline),
100 cm

Schmelzklebefaden
(Prym)

Stofftipp:

Wählen Sie einen festen Baumwollstoff, Leinen oder Halbleinen.

Schnittmusterbogen

2B

4 Anschließend folgende Kanten mit Zickzackstich versäubern (siehe auch Technikteil Seite 18): Außenkante des Besatzes, alle Schnittkanten des Vorder- und Rückenteils – bis auf den Halsausschnitt – und die geraden Schnittkanten der aufzusetzenden Taschen.

Anleitung

❶ Die erste Näharbeit auf dem Vorderteil ist das Aufsetzen der Taschenbeutel. Die Vorbereitung der Eingriffskanten ist bereits geschehen (siehe Vorbereitung Schritt 1 und 2), sodass jetzt die drei geraden Kanten – kurze obere, seitliche lange und untere – mit 1 cm zur linken Stoffseite umgebügelt werden können.

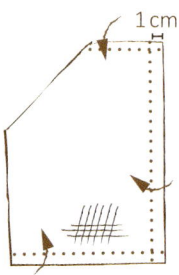

❷ Nun die Taschen auf die auf dem Vorderteil angezeichneten Markierungen stecken, mit der nicht umgebügelten Seite auf die Seitennaht (wird beim Schließen der Seitennaht mitgefasst). Anschließend die Taschen zuerst knappkantig auf den gebügelten Umbrüchen feststeppen und dann noch einmal füßchenbreit.

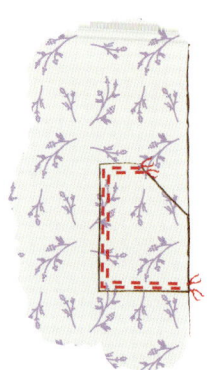

❸ Als Nächstes ist der Halsausschnitt an der Reihe. Hierfür die Schulternähte mit den angeschnittenen Ärmeln rechts auf rechts zusammenstecken und dann bei 1 cm Nahtbreite zusammennähen. Die Nähte anschließend auseinanderbügeln.

Tipp: Achten Sie darauf, dass das Ende der Nählinie am Halsausschnitt bündig ist – nicht die Schnittkante! Es gibt sonst beim Auseinanderbügeln einen Versatz in der Ausschnittlinie.

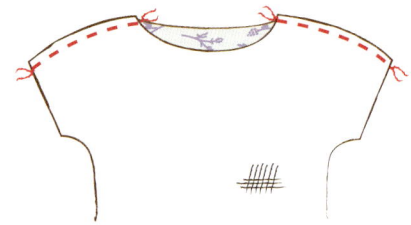

❹ Jetzt auf der Ausschnittlinie den Besatzstreifen rechts auf rechts feststecken und zusammennähen. Die Nahtzugabe des Besatzes auf 5 mm zurückschneiden, damit sich die Naht von rechts nicht abzeichnen kann, und dann ca. alle 5 mm die Nahtzugabe bis fast zur Nählinie einschneiden. So lässt sie sich dann sehr gut verstürzen.

❺ Den Besatz nun über die beiden Nahtzugaben legen, sodass jetzt Kleid und Streifen von rechts zu sehen sind. Auf dem Besatz knappkantig die darunter liegende Nahtzugabe feststeppen. Dadurch ergibt sich ein sauberer oberer Halsabschluß, der nach dem Flachbügeln auch nicht die Tendenz hat, hochzuschieben. (siehe Zeichnung S. 44 Punkt **❿**)

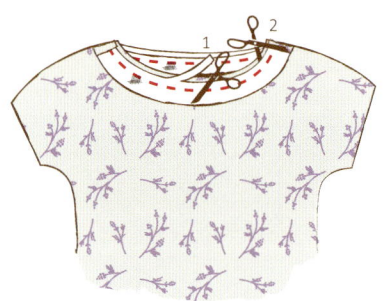

❻ Die Befestigung des Besatzstreifens mit Schmelzklebefaden vornehmen: Dazu den Schmelzklebefaden als Unterfaden auf eine Spule der Nähmaschine aufspulen. Der Faden schmilzt bei großer feuchter Hitze und beginnt dann zu kleben, deshalb ist eine Verriegelung überflüssig. Er benötigt aber einen Halt, da er sonst »zusammenschnurrt«. Dafür ist der Oberfaden aus normalem Garn da. Empfehlenswert ist eine etwas größere Stichlänge, damit der Faden nicht zu oft unterbrochen ist. 3 – 3,5 mm sind empfehlenswert. Füßchenbreit von der versäuberten Stoffkante entfernt wird nun auf der rechten Stoffseite des Besatzstreifens rundherum der Schmelzklebefaden festgenäht. Er ist nur auf der linken Seite sichtbar!

❼ Mit der linken Kleidseite nach oben den versäuberten Ausschnitt anschließend auf das Bügelbrett legen und mit dem Bügeleisen abschnittweise jeweils ca. 15 Sekunden lang mit Dampf andrücken – nicht schieben!

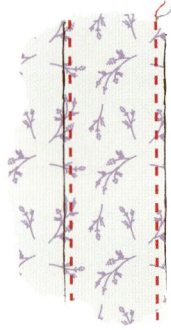

❽ Als nächstes die Seitennähte von unten nach oben bis zum Ende des Ärmels zusammenstecken. Die 2 cm breite Naht am Rockschlitz mit dem großen Maschinenheftstich (5 – 6 mm) fixieren ohne sie zu verriegeln. Am Schlitzzeichen die Nähmaschine wieder auf eine normale Stichlänge einstellen und bei 1 cm Nahtbreite weitersteppen, dabei Nahtanfang und -ende verriegeln.

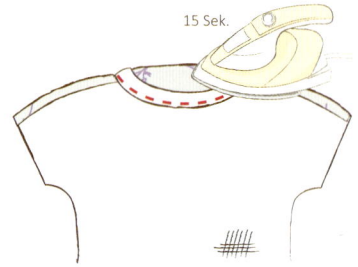

15 Sek.

❾ Die Nahtzugaben auseinanderbügeln und die Heftnähte an den
Schlitzen auftrennen.

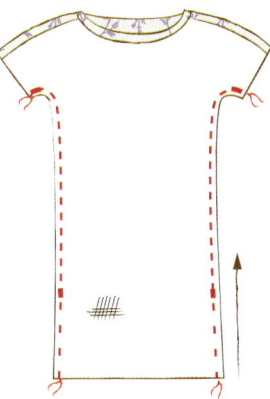

❿ Anschließend den Saum einbügeln, d.h. von der Saumkante 6 cm
abmessen, anzeichnen, die Kante
an die Markierung legen und bügeln, sodass ein 3 cm breiter Saum
entsteht. Den Saum nach dem
Bügeln wieder aufklappen und
mit der rechten Stoffseite nach
oben auf die Nähmaschine legen.

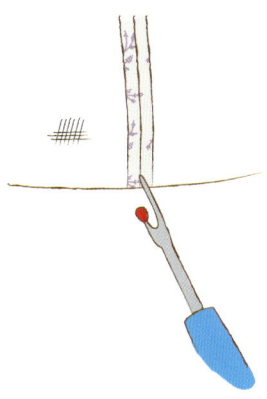

⓫ Um ihn zu befestigen, wird wieder die Schmelzklebefaden-Technik
verwendet: Dazu die Spule mit dem
Schmelzklebefaden einlegen und
füßchenbreit von der versäuberten
Stoffkante entfernt mit 3,5 mm Stichlänge über die gesamte Saumlänge
auf der rechten Stoffseite eine ein-
fache Naht nähen (also auf Vorder-
und Rückenteil von Schlitz zu Schlitz).
Nicht verriegeln! Die Fäden werden
kurz abgeschnitten.

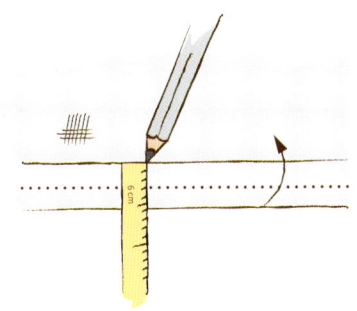

⓬ Jetzt wird der Saum wieder hoch-
geklappt, sodass der Schmelzklebefaden innen liegt. Mit dem Dampfbügeleisen abschnittweise jeweils
ca. 15 Sekunden lang den Saum
inklusive Faden andrücken, bis der
ganze Saum festgebügelt ist.

13 Ebenso bei den Ärmelsäumen verfahren. Der Vorteil dieser Technik ist, dass auf der rechten Seite nichts sichtbar ist. Und wenn sich der Faden vielleicht löst, dann war die Hitze nicht ausreichend – und es wird einfach nachgebügelt.

14 Zuletzt noch einmal die Schlitze bügeln und rundherum 1,75 cm breit absteppen. Fertig, mit einer neuen Erfahrung des Säumens!

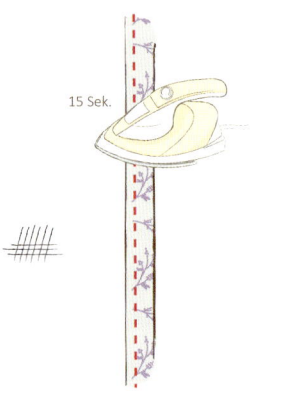

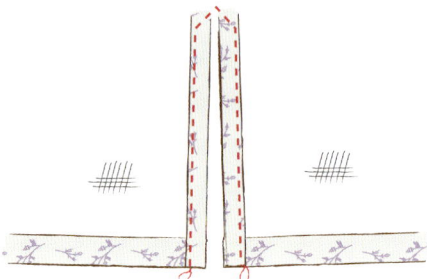

Puuh, schon das Bügeln des vorgewaschenen Stoffes hat 'ne Ewigkeit gedauert.

Und gleich danach kommt mein nächstes Problem: Zum Stoff zurecht legen und ausschneiden braucht man offensichtlich einen Ballsaal! Echt, ich habe nicht mal eine Fußbodenfläche, die groß genug ist um den Stoff so zu legen wie auf der Vorgabe. Geschweige denn einen Tisch in der Größe ... Also wird wieder improvisiert und gestückelt, und damit mir der Stoff nicht ständig über die Tischkanten rutscht, stelle ich schweres Geschirr drauf ;)

Beim Umbügeln der Nahtzugabe der Eingriffskante will ich danach auch noch den zusätzlichen halben Zentimeter mit umbügeln. Oh, das war heiß! Bei der zweiten Tasche klappe und bügele ich den halben Zentimeter gleich als erstes um.

Beim Aufnähen der ersten Tasche bin ich beim Verriegeln der Naht etwas übers Ziel hinaus geschossen ;) Zum Glück lässt sich das ja leicht auftrennen und korrigieren.

Das Befestigen des Besatzes mit einem Schmelzklebefaden klingt abenteuerlich. So eine »Garnrolle« habe ich schon seit Jahren (Jahrzehnten?) in meiner Nähkiste, irgendwann mal mit einem Nähset gekauft, ohne zu wissen was das eigentlich ist. Ich hatte mich immer gefragt, was man mit so einem »anders«aussehendem Faden nähen will. Nun weiß ich es ;) Die Dampffunktion des Bügeleisens habe ich noch nie genutzt, noch eine Premiere für mich. Ich weiß auch nicht, ob mir die gefällt, irgendwie macht es mich nervös, wenn das Bügeleisen sich mehr wie ein Drachen benimmt … Aber: Es funktioniert tatsächlich, der Besatz klebt am Kleid :)

Beim Zusammennähen der Seitennähte muss ich daran denken, die Unterspule wieder gegen einen normalen Faden auszutauschen.

Das »Festkleben« der unteren Säume war dann ganz einfach, bin gespannt wie lange das hält … Für Ärmelsäume wäre jetzt so ein Arm-Dings auf dem Bügelbrett ganz praktisch. Hab ich natürlich nicht, noch etwas, das ich mir zu Weihnachten wünschen könnte (haha, als ob ich mir Haushaltsgeräte zu Weihnachten wünschen würde ;)).

HOSEN

Hosen selbst nähen – das ist doch eigentlich was für Profis, oder?? Nö! Mit den drei einfachen Schnitten in diesem Kapitel geht es ganz leicht. Und weil die Schnitte extra für Näh-anfänger entworfen wurden, kommen sie ganz ohne Reißverschlüsse und Knöpfe aus. Raffiniert und easy gleichzeitig!

BERMUDA-SHORTS MIT WICKELBÄNDERN

Das wird mein Sommer !

Zuschneiden

An den Schnittteilen die Nahtzugaben wie folgt zugeben:
1,5 cm für die Seitennähte,
1 cm für Taillenlinie und Besatzstreifen, sowie 3 cm am Saum.

Vorder- und Hinterhosenteile
doppellagig und die Besatzstreifen im Stoffbruch zuschneiden.
Das Satinband in zwei gleichlange Stücke à 150 cm teilen.

2x Vorderhose
2x Hinterhose
2x Besatzstreifen

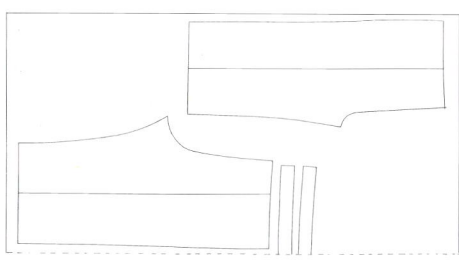

Vorbereitung

❶ Alle Schnittkanten bis
auf die Taillenlinien am
Besatz und der Hose mit
Zickzackstich versäubern
(siehe Technikteil Seite 18).

❷ Die Seitennähte der Besatzstreifen zusammennähen und
auseinanderbügeln.

❸ Die Stepplinie im
Schnitt auf die rechten
Seiten der Hosenteile
übertragen: Das Schnitt-
teil in dieser Linie umkni-
cken, auf die rechten
Stoffseiten legen und mit
Schneiderkreide oder
Trickmarker anzeichnen
(oder mit großem Heft-
stich der Nähmaschine,
Stichlänge 5–6 mm, durchnähen).

Größe

36, 38, 40, 42

Material

Halbleinen, 150 cm
(150 cm breit)

Farblich passendes
Satinband, 6–10 mm
breit, 3 m lang

Stofftipp:

Wählen Sie einen etwas
festeren Stoff, etwa Halbleinen, Leinen, Jeans,
Baumwoll-Satin

Schnittmusterbogen

1A

Anleitung

❶ Die Satinbandstücke jeweils 6 cm unterhalb der Stepplinie (siehe Markierung im Schnitt) auf der äußeren Seitennaht der vorderen Hosenteile feststecken.

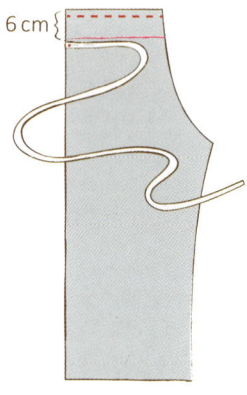

❷ Jeweils ein Hosenvorder- und Rückteil rechts auf rechts legen und jeweils die Seitennähte und auch die Innenbeinnähte bei 1 cm Nahtbreite schließen. Dabei von unten nach oben nähen. Die Satinbänder werden dabei gleich mit fixiert. Anschließend die Nähte auseinanderbügeln.

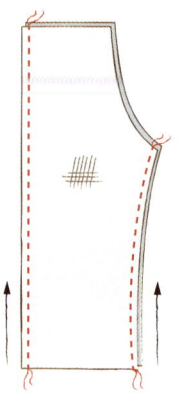

❸ Jetzt die Hosenbeine rechts auf rechts ineinander ziehen …

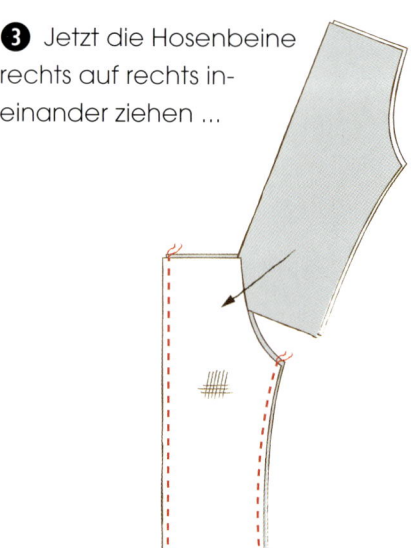

❹ … und die Schrittnaht zusammennähen.

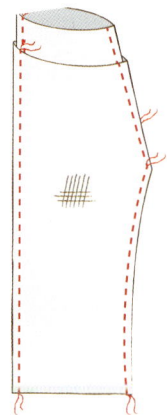

❺ Vordere und hintere Mittelnaht nur bis kurz vor der Schrittnaht auseinanderbügeln. Die Schrittnaht selbst bleibt unberücksichtigt nach oben stehen, damit sie später beim Tragen gut sitzt.

❻ Den Besatzstreifen rechts auf rechts auf die Taillenlinie der Hose stecken und festnähen. Dabei darauf achten, dass die Seitennähte bündig mit den Hosenseitennähten zu liegen kommen. Die Naht auseinanderbügeln.

7 Den gesamten Taillenbesatz unterhalb dieser Naht zur linken Seite klappen, sodass die Naht auf der linken Hosenseite ca. 1 cm unter der Bruchlinie liegt. Den Umbruch festbügeln ...

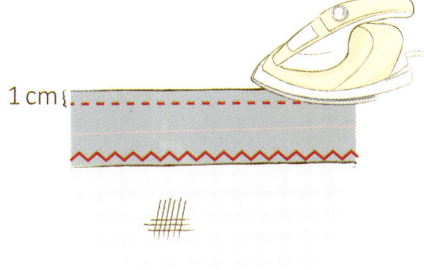

9 An den Hosenbeinen mit einem Handmaß die doppelte Saumbreite (6 cm) auf den linken Seiten anzeichnen. An diese Markierungslinien die versäuberten Schnittkanten anlegen, den Bruch bügeln und die Kante schmalkantig feststeppen.

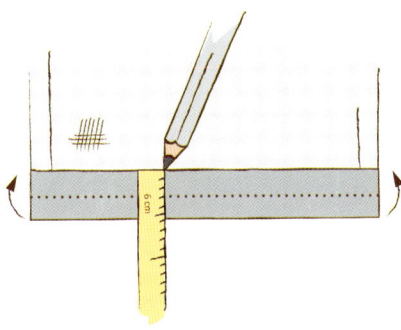

Tipp: Wenn Sie möchten, können Sie statt Satinband auch ein schmales Lederband für den Binde-Verschluss verarbeiten. Je nach Stoff und Muster erzielen Sie damit eine ganz andere Optik.

8 ... und von rechts in der angezeichneten Stepplinie feststecken und -nähen.

So, mein Stoff ist vorbereitet: gewaschen und gebügelt. Nun ja, ich WEISS zumindest, dass er gebügelt ist, auch wenn kein großer Unterschied zu vorher zu sehen ist. Diese hartnäckigen Falten nach dem Waschen sind einfach nicht rauszubekommen ...

Beim Versäubern der Schnittkanten will meine Nähmaschine mal wieder auf der Stelle nähen. Scheint mir also nicht nur beim Jersey zu passieren. Hm, damit hat sich die »Meine Nähmaschine hat Jersey zum Fressen gern«– Theorie wohl relativiert. Sie mag auch Leinen ;(

Ich bin mir unsicher, was die Taillenlinie beim Besatz ist, deshalb versäubere ich den lieber rundrum.

Damit das lange Ende des Bündchens nicht aus Versehen unter die Nadel kommt, befestige ich es mit einem Gummiband und einer Klammer an der Schrittnaht-Seite.

Meine Taillenlinie der Hose und der Besatz scheinen nicht gleich groß zu sein, es schlägt Wellen beim Nähen … Die dadurch entstandenen Falten bringe ich an den Seitennähten unter, ich denke (hoffe), dass sie dort am wenigsten auffallen werden.

Nur drei Stunden hat's gedauert, und eine echt bequeme Sommerhose ist fertig :) Und sie verzeiht einem sogar ein paar Kilo mehr auf den Hüften, also ist es Zeit für einen Imbiss.

LUFTIGE SHORTS ...
... oder Hosenrock, der alles mitmacht

Zuschneiden

Als Nahtzugabe am Saum 3 cm und an allen anderen Schnittkanten 1 cm zugeben.

Die Schnittteile für Vorder- und Hinterhose doppellagig zuschneiden.

2x Vorderhose
2x Hinterhose

Hinweis: Vor dem Zuschneiden auf den angezeichneten Schnittteilen die Umbruchlinie für den Gummibandtunnel markieren. Dazu den Papierschnitt an der markierten Bruchlinie umknicken und mit Schneiderkreide am Knick entlang zeichnen (weiteres Vorgehen siehe Vorbereitung).

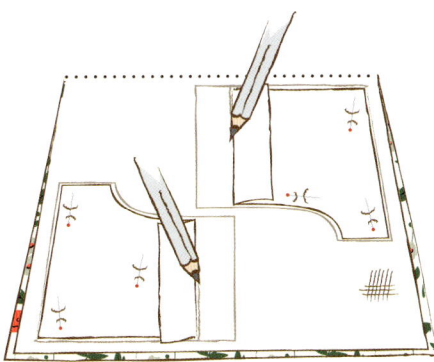

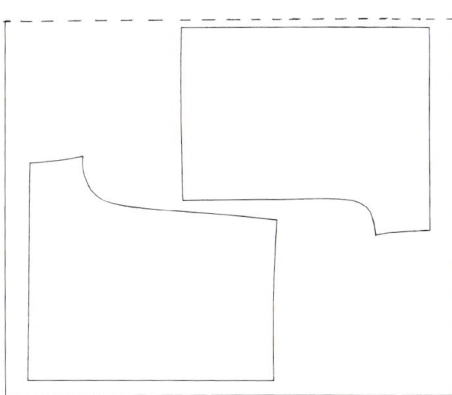

Größe
36, 38, 40, 42, 44, 46

Material
Baumwollstoff, 120 cm (120 cm breit) oder 90 cm (150 cm breit)

Gummiband, 2,5 cm breit, 75 cm lang

Stofftipp:
Wählen Sie einen leichten, fließenden Stoff: Baumwolle in leichter Qualität oder auch Viskose oder Crêpe.

Schnittmusterbogen
1A

Vorbereitung

❶ Nach dem Zuschnitt die Umbruchlinie auf das gegengleiche Hosenteil übertragen: Schneiderkopierpapier mit der Farbseite nach oben auf eine unempfindliche Fläche legen (z.B. Schneidematte oder festen Karton).

❷ Darauf das ausgeschnittene, noch zusammengesteckte gedoppelte Stoffteil legen und mit einem Kopierrädchen genau auf der Linie für den Umbruch entlang radeln. Die Linie erscheint in der Farbe des Kopierpapiers auf der linken Seite des zweiten Teils.

❸ Jetzt können die Stecknadeln zum weiteren Arbeiten entfernt werden.

Anleitung

❶ Als erstes jeweils ein Hinter- und Vorderhosenteil an den Seitennähten rechts auf rechts zusammenstecken und von unten nach oben bei 1 cm Nahtbreite zusammennähen. Danach die Innenbeinnähte schließen, sodass zwei getrennte Hosenbeine entstehen.

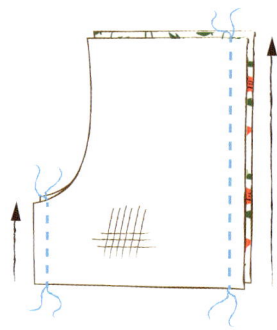

❷ Die Nahtzugaben der vier Nähte mit Zickzackstich zusammen versäubern; das bedeutet, dass die Nahtzugaben zusammengefasst sind und dementsprechend nicht mehr auseinandergebügelt werden können. Jede Naht nun in Richtung vorderes Hosenteil legen und flach bügeln.

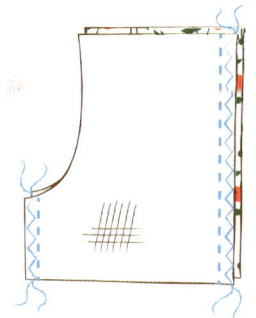

❸ Jetzt die zwei Saumkanten der beiden einzelne Hosenteile mit Zickzackstich versäubern.

❹ Anschließend den Saum einbügeln: Das jeweilige Hosenbein mit der linken Seite außen und der Saumkante voran auf ein Ärmelbrett ziehen (die vordere Spitze des normalen Bügelbretts tut es aber auch). Von der versäuberten Schnittkante mit dem Handmaß rundherum 6 cm abmessen und anzeichnen. Dann die Schnittkante an die Linie klappen und festbügeln. Der Saum ist nun 3 cm breit und wird knappkantig festgesteppt.

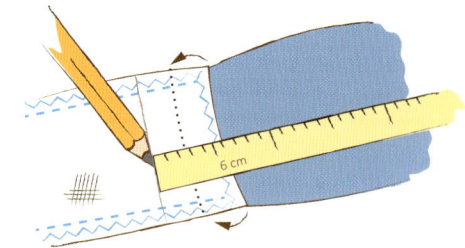

5 Die beiden Hosenteile nun rechts auf rechts ineinander ziehen,…

6 …sodass die gesamte Mittelnaht mit 1 cm Nahtbreite geschlossen werden kann. Die Nahtzugabe danach mit Zickzackstich wieder zusammen versäubern. Die vordere und hintere Mitte zu einer Seite bügeln. Im Schritt selbst muss die Naht nach oben stehen bleiben, sonst sitzt sie nicht.

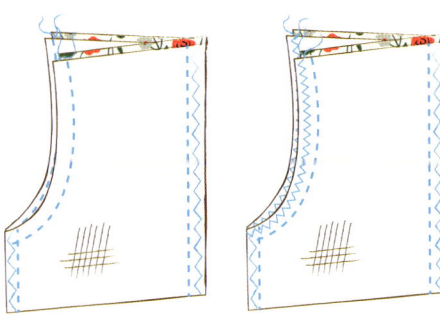

7 Um die Umbruchlinie für den Gummibandtunnel auf der rechten Seite erkennen zu können, verwenden wir wieder den einfachen Trick des Durchnähens: Mit großem Stich der Nähmaschine (5–6 mm) wird auf der angezeichneten Linie rundherum genäht, sodass anhand des Nähfadens von rechts umgebügelt werden kann.

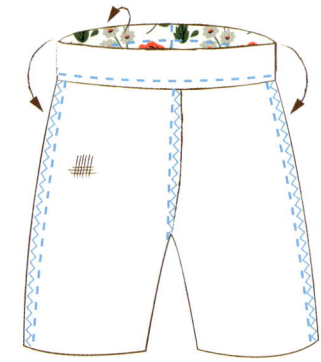

8 Für einen sauberen Abschluss an der Schnittkante nun noch die 1 cm Nahtzugabe nach links umbügeln und den Tunnel knappkantig auf das Hosenteil steppen. Dabei eine ca. 3 cm lange Öffnung zum Einziehen des Gummibands offen lassen.

1 cm

9 Zusätzlich an der Kante des umgebügelten Tunnels ein »Köpfchen« nähen (siehe Glossar): Dazu wird füßchenbreit an der oberen Bruchkante des Tunnels entlang gesteppt. So entsteht eine dekorative kleine Kante, welche dem Gummiband zusätzlichen Halt gibt. Danach den Heftfaden, der als Markierung für den Umbruch diente, herausziehen.

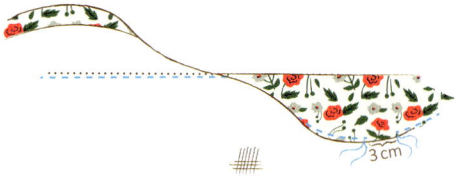

3 cm

10 Nachdem der Tunnel fertig gestellt ist, die Gummibandlänge ermitteln. Sie entspricht der Taillenweite plus 1 cm an Anfang und Ende zum Zusammennähen. Das Gummiband mithilfe einer Sicherheitsnadel einziehen und die Enden zusammennähen. Zum Schluss die Öffnung am Tunnel schließen.

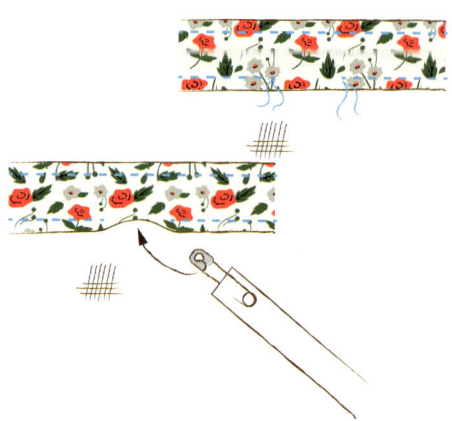

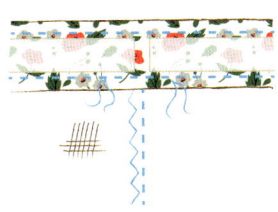

⓫ Um zu verhindern, dass sich das Gummiband im Tunnel verdreht, wird es an den vier Nahtstellen (Seitennähte sowie vordere und hintere Mitte) in den Nähten von der rechten Seite aus festgesteppt. Dazu das Band jeweils mit einer Stecknadel quer zur entsprechenden Naht feststecken, dann mit dem Nähfuß die Hose in der Taillenlinie auf der Stichplatte halten, mit der Hand ziehen, bis der Stoff glatt ist, an der nächsten Naht feststecken und so fortfahren, bis alle vier Punkte fixiert sind.

Beim Zuschneiden läuft »Girls just want to have Fun« im Radio, da kann ich natürlich nicht stillhalten. Im Überschwung stoße ich allerdings an mein Schälchen mit den Stecknadeln, und werde wohl noch nächstes Ostern welche im Teppich finden :-/ Das erinnert mich daran, dass ich mir eigentlich schon im letzten Jahr ein Nadelkissen ~~besorgen~~ selber nähen wollte ...

Ansonsten war der Zuschnitt problemlos, bis auf das ständige Aufpassen, dass ich die Nahtzugabe nicht vergesse. Und mein »1 cm« ist mal größer und mal kleiner ...

Inzwischen besitze ich nun auch Schneiderkopierpapier und ein Kopierrädchen, und das Durchzeichnen der Umbruchlinie war kein Problem. Ich bin nur etwas schnell geradelt und ein paar Mal vom Weg abgekommen. Nicht schlimm ;)

Na super. Zwischendurch kam ich schon ins Grübeln, ob ich wirklich die richtigen Seitennähte zusammennähe und stellte fest, dass ich tatsächlich oben und unten der Hose verwechselt habe. War aber nicht schlimm, ich hatte meinen Irrtum rechtzeitig bemerkt. UND dann habe ich die zweite Naht trotzdem falsch genäht und den Po zusammengenäht! Ich hätte eigentlich die kurze Seite zusammennähen müssen, nicht die lange gebogene. Grrrr!

Aber bis auf diese »Kleinigkeit« ging der Rest ganz gut.

Als ich die beiden Hosenteile rechts aufs rechts aufeinanderlege, um die Mittelnaht zu schließen, offenbart sich mein großer Fehler: Ich habe nicht Hinter- und Vorderhose zusammengenäht, sondern jeweils Hinter- an Hinterhose und Vorder- an Vorderhose. Der Bereich mit der Mittelnaht passt nun überhaupt nicht zusammen, teilweise ist zuviel bzw. zuwenig Stoff da. Was nun?

Alles wieder auftrennen??? Oder weiter nähen, den Fehler so gut wie möglich ausgleichen und die Hose verschenken, denn ich werde da sicher nicht mehr reinpassen? Ich bin risikofreudig und entscheide mich fürs Weiternähen.

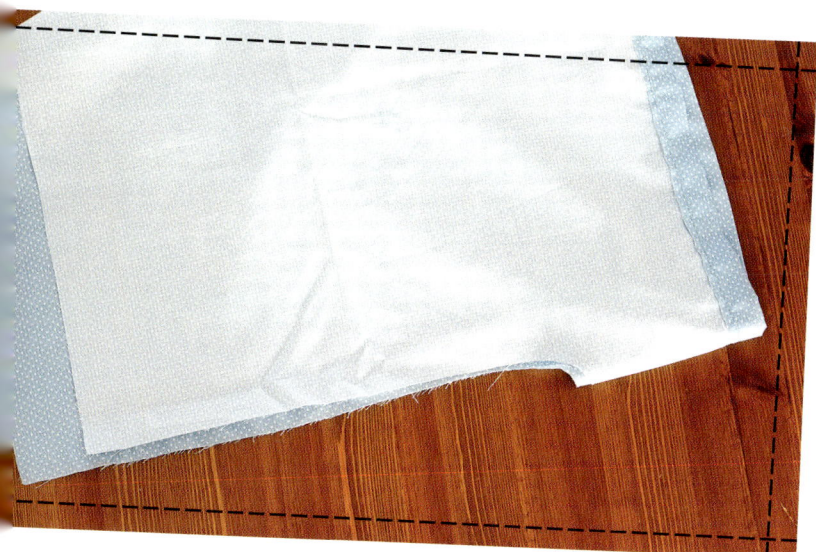

Ich nähe die Mittelnaht, versäubere sie, und schneide das überstehende Stück Stoff am oberen Rand einfach ab (Owei, ich kann deutlich vor mir sehen, wie Astrid entsetzt die Hände überm Kopf zusammenschlägt ;)). Ab hier folge ich dann wieder den Anweisungen.

Nach dem Nähen des »Köpfchens« ist das Gummiband 1 cm zu breit, da habe ich es mit dem »Kopf« wohl übertrieben. Zum Glück finde ich in meiner Schatzkiste noch ein Gummiband, das ein bisschen schmaler, aber auch nicht ganz dünn ist.

Das Gummiband ziehe ich vorsichtig ein, damit es sich nicht gleich verdreht. **Kleiner Tipp:** Benutzt eine grooooße Sicherheitsnadel.

So, trotz des doofen Fehlers halte ich so was wie eine Hose in der Hand. Definitiv nicht perfekt, hier habe ich mich nicht mit Ruhm bekleckert: durch das Verwechseln der Vorder- und Hinterteile ist nun ein Hosenbein etwas kürzer, und aus Angst vor einem zu engen unbequemen Gummiband habe ich es viel zu lang gelassen (und das natürlich auch wieder erst gemerkt, nachdem ich alles hübsch festgenäht hatte). Also mein Tipp: Probiert die Shorts an sobald der Gummizug reingezogen aber noch nicht festgenäht ist.

Und mein Fazit: Für den nächsten Sommer wird die Hose nochmal neu genäht :)

LEICHTE SOMMERHOSE
mit Passen – Effekt

Zuschneiden

2 cm Nahtzugabe an oberen Passenkanten und Säumen zugeben.

1 cm Nahtzugabe an allen anderen Schnittkanten zugeben.

Die Teile für Vorder- und Hinterhose sowie für die Passen doppellagig zuschneiden.

Vorderhose 2x
Hinterhose 2x
Passe vorn 2x
Passe hinten 2x

Das Satinband in zwei gleichlange Stücke à 50 cm teilen.

Anleitung

❶ Zunächst die vorderen Hosenteile zu den vorderen Passen und die rückwärtige Hosenteile zu den rückwärtigen Passen sortieren.

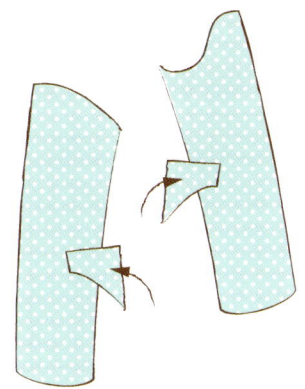

Größe

36, 38, 40, 42, 44

Material

Baumwollstoff, 120 cm (150 cm breit)

Gummiband, 5 mm breit, 40 cm lang

Farblich passendes Satinband, 5 mm breit, ca. 100 cm lang

Stofftipp:

Wählen Sie einen leichten, weich fallenden Stoff: leichte Baumwolle oder Seide.

Schnittmusterbogen

2A

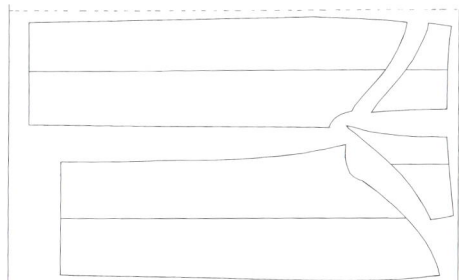

2 Auf den Nählinien der Passenteile die zugehörigen Hosenteile rechts auf rechts zusammenstecken und -nähen. Genau arbeiten, da zwei gegenläufige Bögen zu verbinden sind!

3 Die Nahtzugaben werden nicht auseinandergebügelt sondern zusammen mit Zickzackstich versäubert und anschließend nach oben in die Passenteile gebügelt.

4 Dann die Teile von der rechten Seite aus knapp neben der Verbindungsnaht jeweils auf der Passe absteppen und wieder bügeln.

5 Nun jeweils die Seitennähte von Vorder- und Hinterhose auf den Nählinien rechts auf rechts zusammenstecken. Dabei die Passennähte mit einer quer gesteckten Nadel zusammen sichern und vorsichtig darüber nähen, damit sie sich nicht verschieben können.

6 Die Nähte werden von unten nach oben genäht und die Nahtzugaben wiederum zusammen versäubert. Anschließend die Nahtzugaben nach vorn zur Vorderhose bügeln.

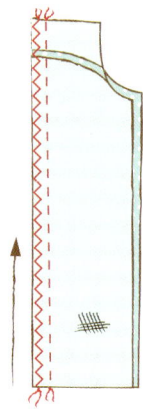

7 Die Innenbeinnaht jeweils in gleicher Weise schließen, versäubern und in Richtung Vorderhose bügeln.

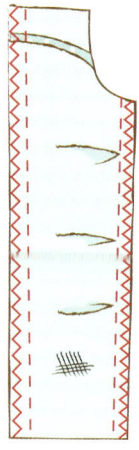

8 Jetzt die Säume der beiden Hosenbeine nach links umbügeln: Dazu mit dem Handmaß 4 cm abmessen, anzeichnen, die Schnittkanten an diese Kreidelinie legen und festbügeln, sodass ein 2 cm breiter Saum entsteht.

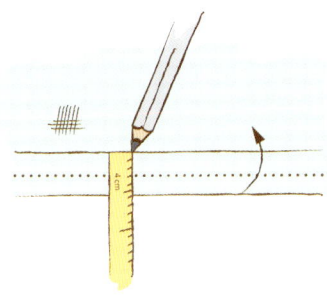

9 Wieder öffnen und vorsichtig, ohne den Saumbruch zu »verletzen«, die Schnittkante 5 mm umschlagen und bügeln. Den Saumbruch wieder umfalten, und schon sind die Kanten sauber eingeschlagen. Nun knappkantig feststeppen und zum Schluss nochmals bügeln.

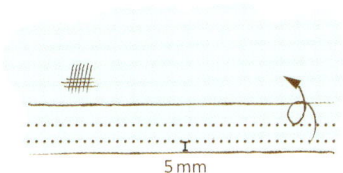

5 mm

10 Als nächstes beide Hosenbeine rechts auf rechts ineinander ziehen und die Mittelnaht zusammennähen. (Achtung bei der vorderen Naht: Siehe auch Schritt 11!) Darauf achten, dass sich die Nähte an den Passen nicht verschieben – dazu am besten die Lagen mit quer zur Naht gesteckten Nadeln fixieren.

11 Außerdem in der vorderen Naht 2 cm unterhalb der oberen Schnittkante an der Taille eine 1 cm breite Öffnung für das Satinband lassen: Mit dem Verriegeln beginnen, 2 cm nähen, verriegeln, das Nähfüßchen anheben. Den Stoff 1 cm nach hinten ziehen, das Nähfüßchen wieder senken, neu ansetzen, verriegeln und dann die gesamte Schrittnaht zusammennähen.

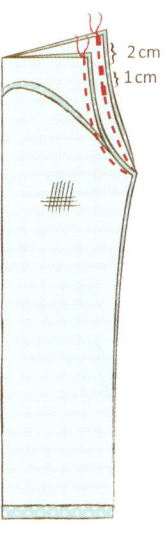

2 cm
1 cm

⑫ Die Nahtzugaben zusammen mit Zickzackstich versäubern – aber erst unterhalb der Öffnung für das Zugband! Hier wird die Nahtzugabe eingeschnitten, damit sie auseinandergebügelt werden kann. Im Schritt bleibt die Naht nach oben stehen, das restliche Stück der Naht wird zur Seite gebügelt.

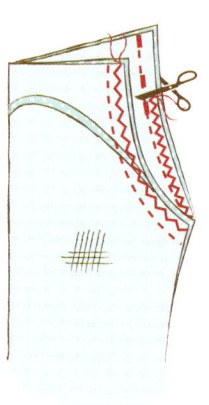

⑬ Das Versäubern der Taillenkante geschieht genauso wie bei den Beinsäumen (siehe Schritt 8): Auf der linken Stoffseite mit dem Handmaß 4 cm abmessen, anzeichnen, die Schnittkante an diese Kreidelinie legen und festbügeln, sodass ein 2 cm breiter Umschlag entsteht.

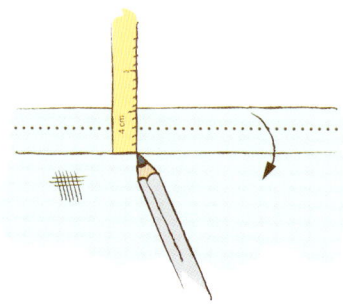

⑭ Dann die Kante nochmals 5 mm umbügeln für einen sauberen Einschlag. Den Umschlag erneut bis zur Umbruchlinie bügeln und dann knappkantig feststeppen. Dadurch entsteht der Tunnel für das Zugband.

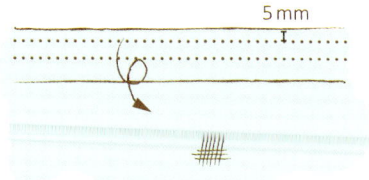

⑮ Das Zugband wie folgt nähen: Zunächst je ein Stück Satinband an den beiden Seiten des Gummibands mit einem engen Zickzackstich festnähen. Dann das Band mithilfe einer Sicherheitsnadel durch den Tunnel ziehen. Evtl. das Gummiband noch an der hinteren Mitte des Tunnels mit ein paar Verriegelungsstichen auf der rechten Seite befestigen, damit es sich nicht verdrehen kann.

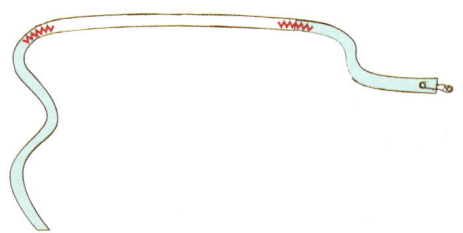

Die dritte Hose ... So langsam fühle ich mich doch schon wie ein Profi. Ein Blick auf's kompliziert aussehende Schnittmuster lässt mich aber erstmal in Richtung Kaffeemaschine entfliehen. Zur Stärkung ;)

Das Zusammenstecken der Passen an die Hosenteile ist ziemlich verwirrend, und fast hätte ich es falsch gemacht. Also ich hoffe, ich habe es jetzt richtig gemacht, das werde ich bald merken ;) Außerdem habe ich sehr viel mehr Stecknadeln als sonst dafür genutzt.

Das Annähen und Absteppen der Passen war nun doch ganz leicht :) Aber warum soll ich sie nach dem Absteppen nochmal bügeln???

Das Durchziehen vom Band war 'ne Fummelei und ich musste zweimal anfangen. An manchen Stellen habe ich den Tunnel etwas zu eng genäht, da kam erst die (winzigkleine) Sicherheitsnadel kaum durch und dann blieb auch immer wieder der Übergang vom Satin- zum Gummiband stecken.

Aber am Ende habe ich eine echt hübsche Hose :)

NACHWORT

Haben Sie schon angefangen zu nähen? Ist die Beschreibung verständlich? Eine gute Hilfe dabei war mir Anja, die »Mord und Brand« rief, wenn sie etwas nicht verstand. Und ich habe dann wieder die einzelnen Schritte rekapituliert und verbessert. Und wenn dann der erlösende Satz kam: »Jetzt habe ich es begriffen!«, waren wir beide glücklich.

Ich wünsche Ihnen viel Erfolg bei der Umsetzung und denke, dass Sie stolz auf die ersten Kleidungsstücke sind. Und denken Sie daran: Fünf verschiedene Stoffe für den gleichen Schnitt geben fünf unterschiedliche Modelle! Und auch die Länge zu variieren verändert das Kleidungsstück. Seien Sie also kreativ!

Es gibt so viele Nähbücher – trotzdem hoffe ich, dass genau dieses das Richtige für Sie ist: mit einer guten Auswahl an einfachen Modellen, verständlichen Beschreibungen und sich daraus entwickelnder Motivation, den Unterfaden nie enden zu lassen!!!

Ihre Astrid Janßen-Schadwill

ABKÜRZUNGEN

Die folgenden Abkürzungen finden Sie auf den Schnittmusterbogen bei fast jedem Schnittteil. Wie alle Markierungen und Texte bitte sorgfältig auf Papier und Stoff übertragen, das erleichtert die Orientierung! So wird nichts verwechselt oder verdreht, auch wenn manche Schnittteile sich verflixt ähnlich sehen können ...

HM	Hintere Mitte
RM	Rückwärtige Mitte
VM	Vordere Mitte
RV	Reißverschluss
mm	Millimeter
cm	Zentimeter
m	Meter
OW	Oberweite
TW	Taillenweite
HW	Hüftweite

GLOSSAR

ABSTEPPEN
Meist parallele Linien zu Nähten, Säumen, Kanten in unterschiedlichen Breiten mit rechts sichtbaren evtl. unterschiedlichen Garnen, die mit der Nähmaschine genäht werden (im Gegensatz zum »Zusammensteppen«, welches zweckgebunden ist).

BESATZSTREIFEN / FORMSTREIFEN
Ein formgleicher Stoffbesatz zum Verstürzen und damit Versäubern einer Schnittkante (z.B. Ausschnitt).

BÜNDCHENWARE
s. Schlauchware

DRUCKKNÖPFE
Wieder total »in«, da sie außer der zweckgebundenen Eigenschaften zu Accessoires avanciert sind. Größen und Farben, per Hand anzunähen oder mit der Zange einschlagbar, sind sie ein schmückendes und praktisches Verschlussmittel.

EINHALTEN
Oftmals ist es erforderlich, dass ein weiteres Stoffteil in eine engere Naht gebracht werden soll – ohne Falten und Kräusel. Zum Beispiel beim Einsetzen des Ärmels. Dann wird der weite Stoff durch Schieben so auf der Nahtlinie »eingehalten«, dass eine faltenfreie Wölbung entsteht.

FADENGERADE
Exakt nach dem Kettfaden (parallel zur Webkante) ausgerichtete Linie.

FADENLAUF
Grundregel ist, dass die Länge des Stoffes in der Länge des Körpers verarbeitet wird. Der Fadenlauf, der durch die Kettfäden (maßgebend für die gesamte Länge des Stoffes) bestimmt wird, befindet sich parallel (!) zu den Webkanten. Der Schussfaden (entscheidend für die Breite des Stoffes), wie der Name schon sagt, wird er im rechten Winkel zur Kette durch die Kettfäden »geschossen«, bildet durch dieses Hin und Her an beiden Rändern die Webkanten.

FORMBAND (VLIESELINE)
Aufbügelbares, 12 mm breites Schrägband mit stabilisierendem eingewebten Kettfaden, der die Länge einer Nählinie fixiert.

FÜßCHENBREIT
Bezeichnet den Abstand einer Nählinie, die sich an der Breite des Nähmaschinen-Füßchens orientiert – in der Regel 0,75 cm.

HANDMAß
Handliches Plastikmaß, welches sich hervorragend an der Nähmaschine verwenden lässt. Auch als Steckunterlage auf dem Bügelbrett, zum Säume anzeichnen, Abmessen kürzerer Linien (bis 20 cm), Lineal. Aber nicht darüber bügeln!!! Es mag keine Hitze.

KÖPFCHEN
Wenn ein Gummiband in ein Kleidungsstück gezogen wird, ist das Nähen eines Tunnels erforderlich. Je breiter jedoch das Gummiband ist, desto plumper sieht es aus. Durch das Nähen eines »Köpfchens« – an der oberen Bruchkante des Tunnels einmal füßchenbreit absteppen – wird der Eindruck total verändert. Zusätzliche Breite mit einkalkulieren!

KOPIERRÄDCHEN
Mit Hilfe des gezackten (oder auch glatten) Metallrädchens lassen sich

durch Durchdrücken mit Hilfe von farbigem Kopierpapier obere Linien auf das darunter liegende Material übertragen.

MASSBAND ODER ZENTIMETERMASS

150 cm langes, bewegliches, 2 cm breites Band, mit Massunterteilungen bis 1 mm. Gut geeignet zum Abmessen flexibler Sachen – eben Stoffe.

MASSTABELLE

Durch die industrielle Fertigung der Bekleidung hat sich ein Normmaß für jede Größe entwickelt – basierend auf den Rundmaßen: Oberweite, Taillenweite und Hüftweite.

MICRO SERRATION

Eine Schere der Firma Prym, die an einer Schneide mit mikrofeinen Zähnchen versehen ist. Dadurch rutscht der Stoff beim Schneiden nicht weg und sie schneidet bis in die Spitze. Außerdem braucht sie nie geschliffen zu werden.

NÄHLINIE

Angezeichnete Linie zum genauen Nähen. Besonders für Anfänger empfehlenswert, da das Abschätzen der Breite der Nahtzugabe ohne Anhaltspunkt doch sehr schwierig ist.

NAHTZUGABE

Die Stoffzugabe an den Nählinien, die es ermöglicht, die Schnittteile zusam-menzunähen, so dass sich die gewünschte Form des Kleidungsstückes ohne Maßverlust ergibt. Wenn die Zugaben gleichmäßig sind, können die Schnittkanten zusätzlich zur Orientierung genutzt werden.

RUNDMASSE

Sie dienen u.a. der Ermittlung der Konfektionsgröße und bestehen aus der Oberweite (größtes Maß um den Oberkörper), der Taillenweite (geringstes Maß in Höhe der Taille) und der Hüftweite (größtes Maß im Gesäßbereich). Alle Maße werden horizontal mit einem Maßband vorgenommen.

SAUM ANHÄNGEN

Wenn der Saum »unsichtbar« sein soll, also von der rechten Seite nicht »erahnbar«, gibt es Stiche von Hand, die dieses ermöglichen. Das ist allerdings zeitaufwendig und erfordert Geschick. Alternative: s. Schmelzklebefaden!

SCHLAUCHWARE

Wie der Name sagt, handelt es sich bei diesem Strickstoff um einen Schlauch, also rund gewirkt. In entsprechender Breite und Länge kann er als nahtloser Rock verwendet werden. Durch seine Elastizität auch gut geeignet für Bündchen jeglicher Art.

SCHMELZKLEBEFADEN (PRYM)

Eine gute Alternative zum »Saum anhängen«. Wie der Name schon sagt, schmilzt der Faden, um dann, unter großer Hitzeeinwirkung des Bügeleisens, zu kleben. Die Handhabung: Die versäuberte Saumkante wird entsprechend der geplanten Breite umgeklappt und gebügelt und dann mit der rechten Stoffseite nach oben wieder aufgeklappt. Füßchenbreit wird der Schmelzklebefaden – auf der Spule zum Unterfaden aufgerollt – nun mit normalem Oberfaden mit einer Naht neben der Kante befestigt. Empfehlenswert ist dabei eine Stichlänge von 3 – 3,5 mm. Wieder zurückgeklappt liegt der Klebefaden zwischen den beiden linken Stoffseiten. Mit dem Dampfbügeleisen und einer Dauer von ca. 15 Sekunden pro Stelle schmilzt der Unterfaden und klebt beide Stoffteile zusammen. Auf der rechten Seite ist nichts und auf der linken Seite nur die Befestigungsnaht zu sehen.

SCHNITTKANTE

Wenn der Schnitt aus dem Stoff herausgeschnitten wird, entstehen Schnittkanten, die, je nach Beschaffenheit des Stoffes, versäubert werden.

SPANNUNGSSCHEIBEN

Der Oberfaden an der Nähmaschine wird auf dem Weg von der Garnrolle zur Nadel durch zwei lose nebeneinander liegende Spannungsscheiben geführt, die beim Senken des Füßchens aneinander gedrückt werden, so dass dann die für die Naht erforderliche, manuell verstellbare Fadenspannung entsteht.

STECKNADELN

Ca. 3,5 cm lange, spitze Metallnadeln mit kleinem Köpfchen oder Glaskopf zum Zusammenstecken und Markieren des Stoffes.

STOFFAUSWAHL

Für Anfänger sind am Besten etwas festere Stoffe geeignet, die nicht rutschen, keine grafischen oder richtungweisenden Muster haben (z.B. Blümchen, die alle nach oben wachsen), keinen »Strich« haben (Samt, Cord, Tuch-Stoffe), nicht dehnbar sind (außer festere Jerseys), keine durchbrochenen Stoffe (Spitze etc.) und Stoffe, die Bügelhitze vertragen.

STOFFBRUCH

Wie der Name schon sagt, ist der Stoff »umgebrochen«, d.h. doppelt gelegt, aber nicht durchtrennt, sodass sich eine zusammenhängende Verdoppelung der Schnittteile ergibt, also ohne Naht. Die linke Stoffseite liegt beim Kauf meist innen, um das Dessin zu erkennen.

Wichtig ist, dass der Schnitt mit der Kante genau mit dem Stoffbruch übereinstimmt, also nicht am Bruch ab- oder übersteht. Dadurch könnten Maßdifferenzen entstehen!

TUNNEL

Zum Einziehen eines Gummibands oder eines anderen Durchziehbands wird entsprechend der Breite ein Umschlag gebildet und festgesteppt, also ein Tunnel mit Öffnungen zum Einfädeln genäht.

VERRIEGELN ODER VERNÄHEN

Das Verriegeln einer genähten Naht verhindert es, dass die Fäden wieder aufgehen. Vorgehensweise: Bei Beginn einer Naht wird nach ca. 3–4 Stichen auf gleicher Linie rückwärts und wieder vorwärts genäht. Am Ende des Zusammennähens wird dieser Vorgang wiederholt.

VERSÄUBERN

Die Schnittkanten eines Stoffes durch Umschließen mit Nähgarn gegen Ausfransen zu sichern. Entweder mit der Overlockmaschine, mit dem Zickzackstich der Nähmaschine oder durch Einkippen und Absteppen der Nahtzugabe. Das Beschneiden mit einer Zickzackschere ist nur bei nicht fransenden Stoffen ratsam.

VERSTÜRZEN

Z.B. eine Ausschnittkante mit einem formgleichen Besatzstreifen rechts auf rechts aufeinanderstecken und zusammennähen. Die Nahtzugabe eng einschneiden, damit ein faltenfreies Umdrehen gelingt. Durch Bügeln wird die umgedrehte Kante stabilisiert.

WEBKANTE

Die feste Kante an der Breite des Stoffes, die durch das Hin- und Hergleiten des Webstuhlschiffchens um den ersten und letzten Kettfaden gebildet wird.

ZAUBERKREIDE

Oder auch »Sublimierkreide«. Weiße Kreide, mit der auf der rechten Stoffseite gezeichnet werden kann – z.B. Knopflöcher – und die nach einer Zeit ganz sicher wieder verschwindet.

ZICKZACKSTICH

Unter anderem (Zierstichfunktion) dient er auch zur Versäuberung der Schnittlinien (Ersatz für eine Overlock-Maschine). Wichtig dabei ist das Einstellen der Fadenspannung, da der Oberfaden durch die Hin- und Herbewegung mehr Spielraum, also weniger Fadenspannung benötigt (ausprobieren). Oftmals kann die für das Knopfloch empfohlene Spannung benutzt werden.
Tipp: Bei Veränderung der Spannung unbedingt einen großen Zettel mit dem Vermerk »Fadenspannung zurückstellen« neben die Nähmaschine legen!!! Ich spreche aus Erfahrung.

ZUSAMMENSTEPPEN

Eine Bezeichnung für das Zusammennähen mindestens zweier Stoffteile, also zweckgebunden. (Im Gegensatz zum »Absteppen«, welches der Optik dient).

STOFFE UND STOFFAUSWAHL

Im Handel werden die verschiedensten Stoffe in einer schier unermesslichen Vielfalt angeboten, aus der Sie auswählen können. Achten Sie hierbei stets auf den Fasergehalt, die Web- und Oberflächenstruktur sowie das Gewicht und die Fließeigenschaft des Stoffes, aber auch auf seine Trage- und Pflegeeigenschaften, seine Musterung sowie seine Farbe. Bedenken Sie auch, ob der Stoff zu dem gewählten Schnitt passt, und wählen Sie danach sorgfältig aus.

Webstruktur

Ein wichtiges Qualitätsmerkmal ist auch die Webstruktur eines Stoffes. Prüfen Sie, ob der Stoff fein und gleichmäßig verwebt ist und ob Längs- und Querfaden im rechten Winkel zueinander verlaufen.

Naturfasern

Charakter und Eigenschaften eines Stoffes werden vor allem durch seinen Fasergehalt bestimmt. Qualitativ hochwertige Stoffe aus Naturfasern behalten ihre natürliche Struktur, neigen zur Knitterbildung, sind sehr saugfähig und trocknen daher langsam. Zu den pflanzlichen Naturfaserstoffen zählen Baumwolle oder Leinen, zu den tierischen Angora, Kaschmir, Seide oder Wolle.

Chemiefasern

Stoffe aus Chemiefasern ähneln von der Optik her häufig Naturfaserstoffen, sind aber pflegeleichter und knittern wenig. Zu ihnen zählen Viskose, Modal, Acetat oder Cupro sowie Elasthan, Polyamid oder Polyester.

> **Tipps & Tricks:** Achten Sie beim Kauf auf die Stoffzusammensetzung. Sie steht meist auf einer kleinen Lasche, die sich an der »Aufwickelpappe« des Stoffs befindet. Oder fragen Sie das Fachpersonal. So wissen Sie über die chemischen Anteile im Stoff Bescheid und auch, wie Sie den Stoff pflegen müssen.

Leichte Stoffe

Auch das Gewicht der Stoffe ist für die richtige Stoffwahl wichtig. Die leichten, dünnen Stoffe wie Seide, Seidenchiffon, Baumwolle, Batist, Sommerleinen oder Baumwoll-Jersey sowie Viskose oder verschiedene Polyesterstoffe werden überwiegend zum Nähen von Sommergarderobe verwendet. Diese Stoffe sind meist leichtfließend, angenehm anzufassen, sie fallen leicht und schmiegen sich gut an den Körper an. Sommerleinen, Baumwolle und Viskose lassen sich leicht verarbeiten, Jersey und sehr dünne Viskosestoffe brauchen jedoch etwas Nähübung!

Achtung: Bei leichten und feinen Stoffen ist es wichtig, die Stichlänge etwas zu reduzieren. Denn je länger der Stich eingestellt ist, umso mehr besteht die Gefahr, dass sich der Stoff während des Nähens zusammenzieht. Stellen Sie also die Stichlänge beim Steppstich auf ca. 1,5 bis 2,5 mm ein. Wählen Sie außerdem eine dünne Nähmaschinennadel aus.

Seide

Der Tragekomfort von Seide ist ausgesprochen hoch, denn sie kühlt bei Hitze und wärmt bei Kälte. Sie wird sehr gerne für Sommerblusen, Kleider oder Röcke verwendet und auch Schals und Tücher oder Kissenbezüge und Bettwäsche aus Seide sind sehr beliebt. Der hauchdünne Crêpe de Chine hat eine unruhige Oberfläche, Bouretteseide einen noppenartigen Charakter. Chiffon ist ein hauchzartes, feines Gewebe mit leicht sandigem Griff und Duchesse ein hochglänzender Stoff, der auch gerne zum Abfüttern von Blazern verwendet wird.

Viskose

Viskose kann nach Bedarf in glänzender oder matter Qualität sowie in verschiedenen Optiken hergestellt werden, sodass sie einem Wollstoff oder einem Baumwollstoff ähneln kann. Da ihr Tragekomfort sehr hoch ist, wird sie immer beliebter. Sehr gut eignet sich Viskose für die komplette Damenoberbekleidung, aber auch für Röcke und leichte Sommerhosen. Sie ist außerdem ideal für Taschen, Gürtel, Schals, Kissen, Tischwäsche oder Gardinen.

Baumwoll-Jersey

Dieser dehnbare Stoff wird gerne für T-Shirts, Schlafwäsche, Babybekleidung, aber auch leichte Sportkleidung und Ähnliches verarbeitet. Er ist sehr angenehm zu tragen und anschmiegsam. Es gibt ihn in reiner Baumwollqualität, aber auch als Baumwoll-Viskose oder Polyestermischung. Durch die Dehnbarkeit braucht man zum Verarbeiten ein bisschen Übung und verwendet am besten spezielle Stretchstiche, die sich mitdehnen. So kann die Naht nicht platzen!

Mittelschwere Stoffe

Zu diesen Stoffen zählen alle Qualitäten, die vom Gewicht her etwas schwerer und griffiger sind, so etwa Baumwolle, Leinenstoffe wie Sommerleinen, Gabardine und Georgette oder dünne Schurwolle, Popeline, Sweatshirtstoffe, Jerseystoffe, Microfaserstoffe oder dünne Jeansstoffe. Diese Stoffe sind – sofern sie nicht zu elastisch sind – gut für Nähanfänger geeignet, da sie nicht so schnell wie die dünnen Stoffe beim Zuschnitt und Verarbeiten wegrutschen.

Tipps & Tricks: Es ist ratsam, die neu erworbenen Stoffe vor dem Nähen und Tragen einmal zu waschen und zu bügeln – vor allem Baumwoll- und Leinenstoffe. Diese laufen beim ersten Waschen meist um einige Zentimeter ein.

Baumwolle

Baumwolle – ein natürliches Produkt, das aus den Samenkapseln der Baumwollpflanze hergestellt wird – ist sehr widerstands- und strapazierfähig, hautsympathisch und nimmt gut Feuchtigkeit auf. Dazu lässt sie sich gut färben. Obwohl sie leicht knittert, wird sie gerne für Sommergarderobe, Kinderbekleidung und Accessoires verwendet.

Leinen

Diese Naturfaser wird aus dem Stängel der Flachspflanze gewonnen, hat eine glatte Oberfläche, ist wenig schmutzanfällig und sehr saugfähig. Leinen ist sehr einfach zu verarbeiten und wird gerne für die Sommergarderobe verwendet, da es sehr viel Feuchtigkeit speichert und diese schnell wieder abgibt. Leinen eignet sich auch sehr gut für Taschen, Gürtel oder Beutel für Kinderspielzeug.

Sweatshirtstoff

Sweatshirtstoff gehört heutzutage zu den wichtigen Basisstoffen. Er besteht aus schwerem Jersey, der auf der Vorderseite glatt ist und auf der Rückseite mechanisch aufgeraut wurde. Dadurch ist der Stoff saugfähig, besonders wenn er aus reiner Baumwolle besteht. Er ist ideal für Anfänger. Aus ihm werden gerne Trainingsanzüge und Strandkleider für Mädchen, aber auch kleine Accessoires genäht.

Schwere Stoffe

Von ihrer Beschaffenheit her dicker und schwerer, werden diese Stoffe überwiegend für die Herbst- und Wintergarderobe verwendet: so etwa Wollstoffe, Mantelstoffe, Loden, Jeansstoffe, Bouclé, Frottier, Pelzimitationen oder Strickstoffe. Je nach Dicke eignen sie sich nicht für ungeübte Näher. Nähanfänger greifen am besten zu Frottierstoffen oder robusten Jeansstoffen, aus denen sich hübsche Bademäntel oder kleine Rucksäcke nähen lassen. Verwenden Sie eine spezielle Nadel zum Verarbeiten von dicken Stoffen und nähen Sie nicht zu viele Lagen übereinander. Denn nicht jede Nähmaschine schafft diese Dicke.

Jeansstoff

Der blaue Baumwollstoff in Köperbindung ist ideal für robuste Kleidung, aber auch für modische Accessoires. Er ist in verschiedenen Stärken und Farben und inzwischen auch in verschiedenen Mischungen wie etwa mit Polyester oder auch in elastischer Version im Handel erhältlich. Ist der Jeansstoff nicht zu dick, kann er sehr gut von Näheinsteigern verarbeitet werden. Sie brauchen lediglich eine Jeansnadel und eine Nähmaschine, die die Durchstichkraft für dickere Stoffe hat.

Frottier

Frottier ist ein voluminöses, weiches Schlingengewebe – meist aus Baumwolle – mit einer hohen Saugfähigkeit. Deshalb wird es gerne für Frottierhandtücher oder Bademäntel verwendet, aber auch für Handpuppen oder Schmusetiere für Kinder. Frottier ist sehr dankbar beim Verarbeiten und sehr gut für Näheinsteiger geeignet.

Walkloden

Der Lodenstoff ist ein gewalktes und aufgerautes Gewebe mit haariger oder verfilzter Oberfläche und wird besonders häufig für Mantel- und Trachtenmode verwendet. Er ist wasserabstoßend imprägniert und muss nicht versäubert werden, da er nicht ausfranst. Wegen seiner leichten Verarbeitung wird er gerne für Homedeco und Accessoires verwendet.

MASSTABELLE

Welche Größe die richtige ist, ergibt sich aus dem Vergleich der eigenen Maße mit der Maßtabelle. Eine Anleitung für das Messen und eine Tabelle zum Notieren der eigenen Maße finden Sie auf Seite 11.

Zugrundeliegende Konfektionsgrößen

Größe	36	38	40	42	44	46
Oberweite	84	88	92	96	100	104
Taillenweite	66	70	74	78	82	86
Hüftweite	90	94	98	102	104	108

Beispiel

	Mein Maß	Schnitt	Differenz
Oberweite	93 cm	Größe 40 = 94 cm	– 1 cm
Taillenweite	75 cm	Größe 40 = 74 cm	+ 1 cm
Hüftweite	99 cm	Größe 40 = 98 cm	+ 1 cm

Am Schnitt müsste man hier nichts verändern, sondern könnte bei der Anprobe schauen, ob Größe 40 auch trotz der leichten Abweichungen passt.

Wenn die Differenz z.B. + 2 cm zeigt, kann man die Nahtzugabe um 0,5 cm großzügiger bemessen und so die Größe etwas anpassen.

AUTORINNEN

Die professionelle Näherin:
Astrid Janßen-Schadwill

Die Nähdebütantin:
Anja Wägele

Astrid Janßen-Schadwill wurde zur Direktrice an der Meisterschule für Mode in Hamburg ausgebildet. Mit Leib und Seele ging sie in diesem Beruf auf. Als sie jedoch von den Volkshochschulen als Referentin (Ausbildung der Nähkursusleiterinnen) und dann von mehreren führenden Textilfirmen als »reisende« Leiterin für Hotel-Nähkurse und für Präsentationen eingesetzt wurde, war sie in ihrem Element. Sie konnte (auch durch die Verwendung der Produkte) viele vereinfachte Arbeitstechniken mit effektiven Ergebnissen entwickeln, um bei der Hobbyschneiderin noch mehr den Spaß am Nähen zu fördern.

Außerdem ist sie noch heute für den SES (Senior Experten Service) im Ausland tätig, um mit ihrem Wissen in Textilfirmen und -schulen zu helfen.

Aber auch andere Hobbys pflegt sie intensiv. Darunter Malen und Zeichnen, Geschichten schreiben und Vorlesen. Jedoch ist Fotografieren – nach dem Nähen – ihre größte Leidenschaft.

Anja Wägele ist Familien- und Hochzeitsfotografin und war von Kindesbeinen an kreativ tätig. Schon immer gehörte das Basteln von Grußkarten zu ihrer Leidenschaft. Vor einigen Jahren entdeckte sie das Scrapbooking und verband Elemente daraus mit ihren eigenen Entwürfen. Mit ihrem Label zebrahoernchen.de entwickelte sie ihren ganz eigenen Stil, zum dem vor allem das Nähen von Papier gehört. Inzwischen hat sie sich nun endlich auch ernsthaft an das Nähen von Stoff gewagt, und damit wohl eine neue Leidenschaft gefunden…

Sie suchen nach weiteren Näh-Ideen, wollen sich mit den neuen Fähigkeiten weiter steigern oder andere Handarbeitstechniken kennenlernen? Dann werden Sie bei uns fündig!

TOPP 6399
ISBN 978-3-7724-6399-0

TOPP 6966
ISBN 978-3-7724-6966-4

TOPP 6404
ISBN 978-3-7724-6404-1

TOPP 6380
ISBN 978-3-7724-6380-8

TOPP 6429
ISBN 978-3-7724-6429-4

TOPP 6392
ISBN 978-3-7724-6392-1

TOPP 6426
ISBN 978-3-7724-6426-3

TOPP 6422
ISBN 978-3-7724-6422-5

TOPP 7919
ISBN 978-3-7724-7919-9

TOPP 6420
ISBN 978-3-7724-6420-1

Informationen zu den Büchern sowie Neuheiten und weitere interessante Titel finden Sie unter www.topp-kreativ.de.

IMPRESSUM

Wir danken den folgenden Firmen für die Unterstützung bei diesem Buch:

Freudenberg SE, Weinheim, www.freudenberg.de

Gütermann GmbH, Gutach, www.guetermann.com

Knopffabrik Dill KG, Bärnau, www.dill-buttons.com

MEZ GmbH, Kenzingen, www.mezcrafts.com

Prym GmbH, Stolberg, www.prym-consumer.com

Westfalenstoffe, Münster, www.westfalenstoffe.de

FOTOS: frechverlag GmbH, 70499 Stuttgart; Anja Wägele, Nidderau (Seite 24/25, 38/39, 46/47, 56/57, 64/65, 74/75, 84/85, 94/95, 102/103, 110/111); lichtpunkt, Michael Ruder, Stuttgart (alle übrigen)

STYLING: Diekmann face art, Jutta Diekmann, Ludwigsburg, und Suzana Santalab, Stuttgart

ILLUSTRATIONEN: Josy Jones, Wörth (Rhein)

PRODUKTMANAGEMENT: Katrin Akyol

LEKTORAT: Anja Fuhrmann, Berlin

UMSCHLAGGESTALTUNG UND LAYOUT: Petra Theilfarth

DRUCK UND BINDUNG: Livonia Print SIA, Lettland   PRINTED IN GERMANY

© frechverlag GmbH, Turbinenstraße 7, 70499 Stuttgart

1. Auflage 2016

ISBN 978-3-7724-6443-0 • Best.-Nr. 6443

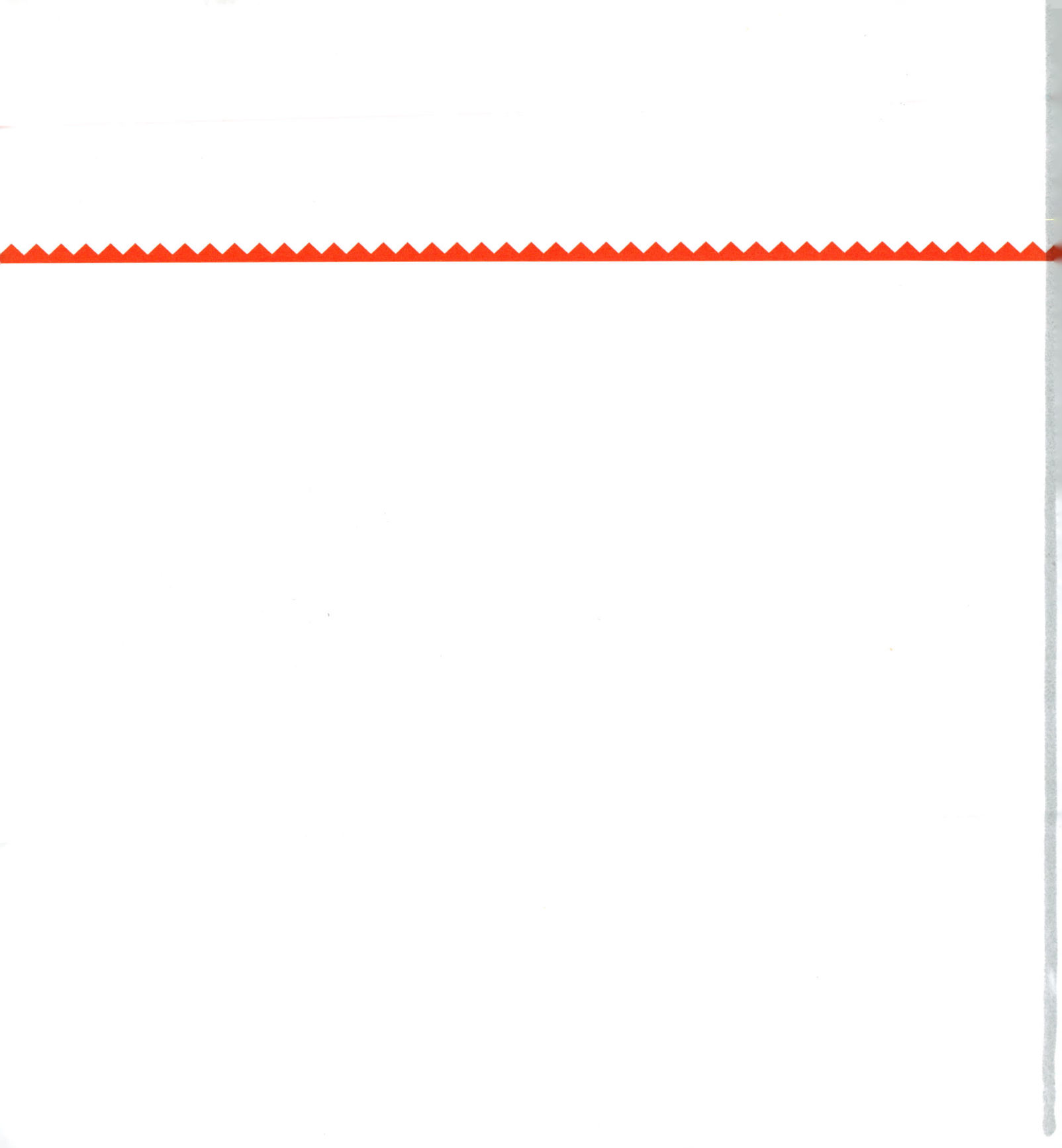